AF462708

# ACTES

DE LA

# CONFÉRENCE DIPLOMATIQUE

POUR LA

# PROTECTION OUVRIÈRE

## RÉUNIE À BERNE

DU 17 AU 26 SEPTEMBRE 1906.

---

BERNE
IMPRIMERIE STÆMPFLI & CIE.
1906.

# ACTES

DE LA

# CONFÉRENCE DIPLOMATIQUE

POUR LA

# PROTECTION OUVRIÈRE

1906.

756

# ACTES

DE LA

# CONFÉRENCE DIPLOMATIQUE

POUR LA

# PROTECTION OUVRIÈRE

RÉUNIE À BERNE

DU 17 AU 26 SEPTEMBRE 1906.

---

BERNE
IMPRIMERIE STÆMPFLI & CIE.
1906.

# TABLE DES MATIÈRES.

## I. Documents préliminaires.



## II. Procès-verbaux des séances plénières et des séances de commission.

## III. Textes adoptés par la Conférence.

# I.

# Documents préliminaires.

# Esquisse historique

sur la

# Protection ouvrière internationale.

## I.

Il y a un peu plus d'un demi-siècle, en 1855, le Canton de Glaris, qui, le premier, avait élaboré une législation pour régler le travail dans les fabriques, s'adressa au Conseil d'Etat de Zurich et sollicita de lui un accord, sur le terrain intercantonal, en cette même matière ; „il serait sans doute nécessaire, ajouta-t-il, de créer un système uniforme, au moyen de stipulations internationales entre les Etats industriels de l'Europe, mais cette idée rentre pour le moment dans la catégorie des vains désirs.“ Avec cette initiative allait de pair celle d'un philanthrope alsacien, Daniel Legrand; dans des appels publiés de 1853 à 1857, et adressés aux Gouvernements des pays industriels, il leur demanda „de provoquer une loi internationale sur le travail industriel“ dont il avait esquissé un avant-projet. Mais ni l'une ni l'autre démarche n'eut de suite.

Ce n'est que vingt ans plus tard que le caractère international de la question fut proclamé à nouveau, officiellement, en Suisse. Le 5 juin 1876, dans son discours d'ouverture de session, le Président du Conseil national, M. le colonel Frey, déclara, en se rapportant au projet de loi sur les fabriques soumis aux Chambres par le Conseil fédéral, qu'il y avait lieu d'examiner „si la Suisse ne devrait pas provoquer la conclusion de traités internationaux tendant à régler les questions ouvrières d'une manière uniforme dans tous les Etats industriels", et le 9 décembre 1880, le même homme d'Etat présenta une motion invitant le Conseil fédéral „à entrer en négociations avec les principaux Etats industriels dans le but de provoquer la création d'une législation internationale sur les fabriques". Après la prise en considération de cette motion, le 30 avril 1881, le Conseil fédéral fit pressentir six Gouvernements „sur la question de savoir s'ils seraient disposés à prêter la main à la conclusion d'une Convention internationale sur le travail dans les fabriques". Mais les réponses reçues furent loin d'être encourageantes.

Cependant, des législations sur le travail s'élaboraient, des projets étaient soumis à divers Parlements et les milieux intéressés se familiarisaient toujours mieux avec l'idée de la réglementation internationale des conditions ouvrières. La Société suisse du Grütli ayant préconisé de nouveau, en 1886, la nécessité de cette réforme, une seconde motion fut déposée au Conseil national par MM. Decurtins et Favon, et adoptée en juin 1888, motion qui recommandait au Conseil fédéral d'ouvrir des pourparlers en vue de faire déterminer par des traités internationaux ou par une loi internationale la protection du travail des mineurs, la limitation du travail des femmes, le repos hebdomadaire et la journée normale de travail.

Le Conseil fédéral, procédant avec une grande circonspection et voulant se présenter devant les Etats avec un programme concret destiné, d'une part, à régulariser jusqu'à un certain degré la production industrielle, et, d'autre part, à améliorer les conditions de la vie de l'ouvrier, lança les invitations à une Conférence préparatoire pour le mois de septembre 1889; dans son idée, celle-ci devait discuter les Bases d'une Union internationale et régler surtout le travail du dimanche et le travail des enfants et des femmes dans les établissements industriels, „afin, dit-il, que la famille ne soit pas livrée à la dépravation physique et morale et ruinée par le fait d'une exploitation trop considérable et trop précoce des forces de l'ouvrier". Le „projet d'un programme de discussion", rédigé sous forme d'un Questionnaire, contenait les six points suivants : interdiction du travail du dimanche; fixation d'un minimum d'âge pour l'admission des enfants dans les fabriques; fixation d'un maximum de la journée de travail pour les jeunes ouvriers; interdiction d'occuper les jeunes gens et les femmes dans des exploitations particulièrement nuisibles à la santé et dangereuses; restriction du travail de nuit pour les jeunes gens et les femmes; mode d'exécution de Conventions qui pourraient être conclues. En revanche, la question de la journée normale de travail avait été retranchée de l'ordre du jour, car le Conseil fédéral avait pu se convaincre que, sur ce point, son initiative ne serait pas suivie par certains Gouvernements.

La Conférence dut, il est vrai, être renvoyée de quelques mois, en raison d'événements politiques, mais l'accueil qu'avaient rencontré, cette fois-ci, les notes-circulaires du Conseil fédéral auprès des Etats faisait bien augurer du succès de ces assises, lorsque l'action parallèle, ouverte indépendamment par S. M. l'Empereur d'Allemagne sous forme de deux rescrits du 5 février 1890, et la convocation des Puissances à une Conférence devant être ouverte à Berlin le 15 mars 1890, vinrent changer la tournure des choses. Sur le désir exprimé par l'Allemagne de voir la Suisse renoncer pour le moment à la Conférence de Berne, le Conseil fédéral y consentit d'autant plus volontiers que la cause de la protection ouvrière allait recevoir une consécration éclatante grâce à l'empressement généreux de l'Empereur Guillaume II et que là où il s'agissait de faire avancer avant tout l'œuvre abordée d'un commun effort, aucune hésitation n'était admissible.

Le programme de la Conférence de Berlin était conçu dans des termes analogues à celui de la Conférence projetée par la Suisse, sauf qu'il contenait encore l'examen du travail dans les mines, en dehors de la réglementation du travail du dimanche, des enfants, des jeunes ouvriers et des femmes. Mais les débats approfondis qui eurent lieu à Berlin ne firent que rendre plus saillantes les divergences existant dans les conditions industrielles de pays à pays, ainsi que les obstacles qui s'opposent à l'organisation internationale du travail ; aussi les résolutions de la Conférence ne purent-elles revêtir que la forme de simples vœux. Ceux qui se réfèrent à une matière qui s'est maintenue à l'ordre du jour international, le travail des femmes, déclarent désirable que, sans distinction d'âge, elles ne travaillent pas la nuit ; que, sauf exceptions admises pour certaines industries et sous réserve de restrictions pour les occupations particulièrement insalubres ou dangereuses, le travail effectif des femmes ne dépasse pas onze heures par jour et qu'il soit interrompu par des repos d'une durée totale d'une heure et demie au moins ; enfin que les femmes accouchées ne soient admises au travail que quatre semaines après leur accouchement.

Il est facile de constater par cet exemple que les vœux adoptés à Berlin, s'ils n'ont pas été suivis de sanction, ont, au moins, posé de précieux jalons sur cette route épineuse de l'unification et ont puissamment éclairé l'opinion publique; aussi est-il bien permis de leur appliquer les paroles de Properce: *In magnis et voluisse sat est.* D'ailleurs, le renouvellement de réunions semblables avait été positivement prévu et la Suisse déclara, dans le message du Conseil fédéral du 9 juin 1890 concernant la Conférence de Berlin, ne pas vouloir rester stationnaire, mais achever, au gré des circonstances, ce qu'elle avait commencé. En effet, à la suite des résolutions votées par les Chambres en juin 1895, le Conseil fédéral tenta en 1896, par l'entremise de ses agents, un troisième essai de rouvrir la question internationalement, mais ne recueillit que des réponses pour la plupart évasives.

## II.

Une nouvelle phase s'ouvre dans l'évolution de cette œuvre. A l'action gouvernementale succède l'initiative privée, jeune et vigoureuse. De même que les inventeurs, les littérateurs, les artistes, les pacifistes etc., se sont unis pour faire triompher leurs revendications et ont, par leur action collective, préparé l'élaboration d'Unions internationales ou d'Accords entre Etats, de même les économistes, les légistes, les fabricants et les ouvriers se rencontrent dans une aspiration commune pour s'entourer des lumières propres à se concilier le concours des esprits non prévenus. C'est l'Association pour l'étude des accidents du travail qui, dès 1889, commence à déployer une activité féconde, étendue plus tard aux assurances ouvrières ; ce sont les Congrès internationaux pour la protection ouvrière tenus en 1897 à Zurich et à Bruxelles qui demandent la fondation d'un Office international du Travail; c'est le Congrès des partisans de la protection ouvrière, réuni à Paris lors de l'Exposition universelle de 1900, qui décide la création d'une Association internationale pour la protection légale des travailleurs, association tout à fait neutre au point de vue politique et social, et divisée en sections nationales. Peu de mois après, le 1er mai 1901, l'organe central de cette association, l'Office international du Travail, commence à fonctionner à Bâle; cette institution privée obtient l'appui financier de la Confédération suisse et, successivement, des subventions d'une série d'autres Gouvernements qui témoignent par là de leur volonté de seconder ses recherches scientifiques sur les réformes législatives et autres réalisées ou projetées dans les divers pays. Les réunions que l'Association tient à Bâle et à Cologne avec l'assistance des Délégués de plusieurs Etats examinent avec ardeur quelles exploitations économiques ou quelles parties de l'organisation du travail industriel se prêtent surtout à l'élaboration d'une entente générale ; après avoir signalé comme particulièrement nuisibles, parmi les premières, l'emploi du phosphore et la fabrication de la céruse, et, parmi les secondes, le travail nocturne des ouvrières, l'Association fait prier le Conseil fédéral, par l'entremise d'une Commission spéciale d'étude, réunie à Bâle en septembre 1903, de bien vouloir convoquer une Conférence internationale à qui incomberait le soin de rédiger un accord destiné à interdire, dans des délais limités, le travail de nuit des femmes occupées dans l'industrie et l'emploi du phosphore blanc dans la fabrication des allumettes.

Le Conseil fédéral entre dans ces vues. La Conférence, d'un caractère consultatif et technique à la fois, s'ouvre dans la salle du Conseil des Etats, à Berne, le 8 mai 1905 ; quinze Gouvernements y sont représentés par 51 délégués. Le programme de la Conférence a été prudemment défini et ne renferme que les deux questions précitées qui semblent mûres pour la codification. Après les discussions aussi laborieuses qu'instructives, la Conférence, animée d'un esprit de large conciliation, adopte, le 16 mai 1905, deux textes réunis en un Acte final, les „Bases d'une Convention internationale sur l'interdiction du travail de nuit des femmes employées dans l'industrie" et les „Bases d'une Convention internationale sur l'interdiction de l'emploi du phosphore blanc (jaune) dans l'industrie des allumettes".

En même temps, les Délégués prient le Conseil fédéral de saisir les pays intéressés de ces propositions en vue des négociations diplomatiques qu'ils jugeront utile d'ouvrir. Les propositions sont transmises aux Gouvernements des Etats représentés à la Conférence préparatoire par une note-circulaire du 25 juin 1905. La réunion de la Conférence diplomatique de 1906 est le fruit de cette démarche.

# CIRCULAIRES
DU
# CONSEIL FÉDÉRAL SUISSE.

---

## PREMIÈRE CIRCULAIRE.

*Berne*, le 30 décembre 1904.

Monsieur le Ministre,

A la demande de la Commission instituée par les Délégués, réunis à Cologne, de l'Association internationale pour la protection légale des travailleurs, le Bureau de cette Association nous a priés, en date du 16 septembre 1903, de vouloir bien convoquer une Conférence internationale aux fins de résoudre les questions suivantes touchant la protection ouvrière:

1° Interdiction de l'emploi du phosphore blanc dans l'industrie des allumettes.

2° Interdiction, pour les femmes, du travail industriel de nuit.

En ce qui concerne ce second point, il résulte des déclarations du Bureau et des „Résolutions" de la Commission précitée (délibérations des 10 et 11 septembre 1903, à Bâle) que la question embrasse les postulats ci-après:

*a.* Sous le terme de „femmes", on doit entendre toutes les ouvrières, sans distinction d'âge.

*b.* L'interdiction du travail de nuit des femmes doit consister à assurer à toutes les ouvrières employées dans un établissement industriel, donc en dehors de leur famille, un repos de douze heures consécutives du soir au matin.

*c.* Des dispenses pourront être prévues pour le cas d'accident imminent ou déjà survenu.

*d.* Les ouvrières dont le travail s'applique à des produits susceptibles d'altération très rapide, par exemple ceux de la pêche et de certaines industries fruitières, peuvent être autorisées à travailler la nuit, chaque fois que cela est nécessaire pour sauver les produits d'une perte inévitable.

*e.* Les industries saisonnières et celles dont les besoins sont analogues trouveront, dans une disposition transitoire qui fixe à dix heures la durée du grand repos de nuit, les heures supplémentaires dont elles peuvent avoir besoin dans l'état actuel de leur organisation.

*f.* Des délais à déterminer pourront être accordés pour la réalisation des réformes.

On trouvera également des renseignements sur la question dans les deux ouvrages suivants: „Mémoire explicatif sur l'interdiction de l'emploi du phosphore blanc dans l'industrie des allumettes" et „Mémoire explicatif sur les Bases d'une interdiction internationale du travail de nuit des femmes". Ces ouvrages ont été communiqués aux divers Gouvernements, en 1904, par le Bureau de l'Association internationale, au nom de son Comité.

Nous avons fait pressentir confidentiellement les Gouvernements d'un certain nombre d'Etats, à l'effet de savoir s'ils réserveraient bon accueil à une proposition suisse visant la convocation d'une Conférence internationale. La presque unanimité des Etats en cause ont officieusement fait connaître leur adhésion provisoire.

Le Conseil fédéral suisse, en cela fidèle à ses traditions, croit donc devoir donner suite à la demande qui lui a été adressée. Nous verrions, nous aussi, avec satisfaction se réaliser enfin, ne fût-ce d'abord que dans un cadre restreint, l'idée d'une entente internationale touchant certaines questions de protection ouvrière. Nous avons le ferme espoir que la Conférence ne se contentera pas de manifestations théoriques, mais qu'elle s'efforcera de préparer une entente effective entre les Etats. Nous estimons, à cette fin, qu'il y aurait lieu, pour la Conférence, d'établir les principes de Conventions internationales; ce travail, cela va de soi, ne préjugerait en rien les intentions des Gouvernements représentés à la Conférence, et la conclusion même des Conventions demeurerait entièrement réservée à d'ultérieures négociations diplomatiques.

Nous proposons de faire figurer au programme de la Conférence les questions mentionnées sous chiffres 1 et 2 ci-dessus et définies sous lettres *a* à *f*. L'idée d'étendre l'interdiction du travail de nuit aux jeunes gens du sexe masculin, jugée inopportune de différents côtés, a été abandonnée. Il est désirable que, par le fait même de l'étroite limitation de son programme, la Conférence aboutisse plus facilement à une entente féconde en heureux résultats.

La Conférence internationale s'ouvrira le lundi 8 mai 1905, à 3 heures de l'après-midi, dans la salle du Conseil des Etats, au Palais fédéral, à Berne. En y conviant le Haut Gouvernement de Votre Excellence, nous le prions de vouloir bien nous faire connaître les noms de ses Délégués.

La présente note-circulaire a été adressée aux Gouvernements des pays suivants: Allemagne, Autriche-Hongrie, Belgique, Danemark, Espagne, France, Grande-Bretagne, Grèce, Italie, Luxembourg, Pays-Bas, Portugal, Roumanie, Serbie, Suède et Norvège.

Veuillez agréer, Monsieur le Ministre, l'assurance de notre considération très distinguée.

Au nom du Conseil fédéral suisse:

*Le Président de la Confédération,*
COMTESSE.

*Le Chancelier de la Confédération,*
RINGIER.

# DEUXIÈME CIRCULAIRE.

*Berne*, le 26 juin 1905.

Monsieur le Ministre,

Par note-circulaire du 30 décembre 1904, nous avions invité votre Gouvernement à se faire représenter à une *Conférence internationale pour la protection ouvrière*, qui devait avoir lieu à Berne.

A notre vive satisfaction, vous avez bien voulu donner suite à notre invitation, et nous vous en exprimons ici toute notre gratitude. La participation de quinze Etats a permis à la Conférence, dans sa session du 8 au 17 mai 1905, d'épuiser le programme proposé par notre circulaire et de prendre d'importantes décisions.

Nous vous remettons ci-joint les procès-verbaux de la Conférence, en faisant remarquer que MM. les Délégués des Etats participants les recevront directement.

De plus, en exécution d'une décision de la Conférence, nous vous remettons encore, en une copie légalisée, l'„Acte final de la Conférence internationale pour la protection ouvrière".

Conformément à l'article 12 du règlement adopté par la Conférence (procès-verbal nº 1, page 17), l'Acte final déclare ce qui suit:

> „Les Délégués soussignés sont convenus de prier le Conseil fédéral suisse de bien vouloir saisir les Gouvernements des Hauts Etats intéressés, en vue des négociations diplomatiques qu'ils jugeront utile d'ouvrir, des propositions ci-après, qui constituent le résultat des délibérations de la Conférence et forment les Bases de Conventions internationales à conclure:
>
> I. Bases d'une Convention internationale sur l'interdiction de l'emploi du phosphore blanc (jaune) dans l'industrie des allumettes (articles 1 à 4).

II. Bases d'une Convention internationale sur l'interdiction du travail de nuit des femmes employées dans l'industrie (articles 1 à 5)."

En donnant volontiers suite à cette demande, nous soumettons à votre examen les décisions de la Conférence.

Une Conférence diplomatique nous semble indispensable pour transformer ces décisions en Conventions.

Nous vous serions extrêmement obligés de nous faire savoir si vous êtes d'accord avec nous sur ce point et, dans l'affirmative, de nous faire connaître votre manière de voir touchant le lieu et la date de la Conférence.

Nous attendons jusqu'à la fin du mois d'octobre prochain la réponse qu'il vous plaira de vouloir bien nous faire. Nous avons le ferme espoir que, commencée sous d'heureux auspices, l'œuvre humanitaire dont il s'agit sera menée à bonne fin.

La présente circulaire est adressée aux Gouvernements des Etats qui étaient représentés à la Conférence de Berne. En même temps, conformément à l'article 3 des Bases mentionnées sous nº 1, nous invitons le Gouvernement Impérial du Japon à nous faire connaître s'il juge à propos, comme on le désire, d'adhérer à la Convention.

Au nom du Conseil fédéral suisse :

*Le Président de la Confédération,*

RUCHET.

*Le Chancelier de la Confédération,*

RINGIER.

*Annexe :*

ACTE FINAL.

Annexe

# Acte final
## de la
## Conférence internationale pour la Protection ouvrière.

Les Délégués des Gouvernements

de l'Empire Allemand,
de l'Autriche,
de la Hongrie,
de la Belgique,
du Danemark,
de l'Espagne,
de la France,
de la Grande-Bretagne,
de l'Italie,
du Luxembourg,
de la Norvège,
des Pays-Bas,
du Portugal,
de la Suède,
de la Suisse

se sont réunis en Conférence le 8 mai 1905, à Berne, pour examiner les solutions à donner aux deux questions contenues dans la Circulaire du Conseil fédéral suisse, du 3 décembre 1904. Les Délégués soussignés sont convenus de prier le Conseil fédéral suisse de bien vouloir saisir les Gouvernements des Hauts Etats intéressés, en vue des négociations diplomatiques qu'ils jugeront utile d'ouvrir, des propositions ci-après qui constituent le résultat des délibérations de la Conférence et forment les Bases de Conventions internationales à conclure:

## I. Bases d'une convention internationale sur l'interdiction de l'emploi du phosphore blanc (jaune) dans l'industrie des allumettes.

### Article premier.

A partir du 1er janvier 1911, il sera interdit de fabriquer, d'introduire ou de mettre en vente des allumettes contenant du phosphore blanc (jaune).

### Article 2.

Les actes de ratification devront être déposés au plus tard le 31 décembre 1907.

### Article 3.

Le Gouvernement du Japon sera invité à donner son adhésion à la présente Convention avant le 31 décembre 1907.

### Article 4.

La mise en vigueur de la Convention reste subordonnée à l'acceptation de tous les Etats représentés à la Conférence et du Japon.

## II. Bases d'une Convention internationale sur l'interdiction du travail de nuit des femmes employées dans l'industrie.

### Article premier.

Le travail industriel de nuit sera interdit à toutes les femmes, sans distinction d'âge, sous réserve des exceptions prévues ci-après.

La Convention s'appliquera à toutes les entreprises industrielles où sont employés plus de dix ouvriers et ouvrières; elle ne s'appliquera en aucun cas aux entreprises où ne sont employés que les membres de la famille.

A chacune des Parties contractantes incombera le soin de définir ce qu'il faut entendre par entreprises industrielles. Dans celles-ci seront comprises les mines et carrières, ainsi que les industries de fabrication et de transformation des matières; la législation nationale précisera sur ce dernier point la limite entre l'industrie, d'une part, l'agriculture et le commerce, d'autre part.

### Article 2.

Le repos de nuit visé à l'article précédent aura une durée minimum de onze heures consécutives; dans les onze heures, quelle que soit la législation de chaque Etat, devra être compris l'intervalle de dix heures du soir à cinq heures du matin.

Toutefois, dans les Etats où le travail de nuit des femmes adultes employées dans l'industrie n'est pas actuellement réglementé, la durée du repos ininterrompu pourra, à titre transitoire et pour une période de trois ans au plus, être limitée à dix heures.

### Article 3.

L'interdiction du travail de nuit pourra être levée :

1. en cas de force majeure, lorsque dans une entreprise se produit une interruption du travail, impossible à prévoir et n'ayant pas un caractère périodique ;

2. dans le cas où le travail s'applique à des matières susceptibles d'altération très rapide, chaque fois que cela sera nécessaire pour sauver ces matières d'une perte inévitable.

### Article 4.

Dans les industries soumises à l'influence des saisons et en cas de circonstances exceptionnelles pour toute entreprise, la durée du repos ininterrompu de nuit pourra être réduite à dix heures, soixante jours par an.

### Article 5.

Les ratifications de la Convention à intervenir devront être déposées au plus tard le 31 décembre 1907.

Pour la mise en vigueur de la Convention, il sera stipulé un délai de trois ans à dater du dépôt des ratifications.

Ce délai sera de dix ans :

1. pour les fabriques de sucre brut de betterave;

2. pour le peignage et la filature de la laine;

3. pour les travaux au jour des exploitations minières, lorsque ces travaux sont arrêtés annuellement, quatre mois au moins, par des influences climatériques.

---

Fait à Berne, le seize mai de l'an mil neuf cent cinq, en un exemplaire français et un exemplaire allemand, qui seront déposés dans les archives de la Confédération suisse et dont une copie légalisée sera remise, par la voie diplomatique, à chaque Gouvernement représenté à la Conférence.

---

## I. Interdiction de l'emploi du phosphore blanc (jaune) dans l'industrie des allumettes.

Caspar. Koch. Frick. G. Plehn.

Hasenöhrl. Mataja. Bach. Dr. Müller. Fries.

Homann.

Szterényi. Csóka. Procopius. Gerster.

Alf. Simonis. Ed. Peltzer. J. Dubois. Edmond Fabri.

H. Dupont.

José de la Rica y Calvo.

R. Waddington. A. Millerand. A[te] Keufer.

Arthur Fontaine. H. Sévène.

Luigi Belloc et aussi pour G. Montemartini.

H. Neuman.

L. H. W. Regout. H. F. Kuyper.

Ernesto Madeira Pinto.

A. Deucher. F. Kaufmann. E. Frey. Schobinger.

H. Scherrer. Jules Vautier. John Syz. Otto Lang.

II. Interdiction du travail de nuit des femmes employées dans l'industrie.

Caspar. Koch. Frick. G. Plehn.

Hasenöhrl. Mataja. Bach. Dr. Müller. Fries. Homann.

Szterényi. Csóka. Procopius. Gerster.

Alf. Simonis. Ed. Peltzer. J. Dubois. Edmond Fabri. H. Dupont.

Gustav Philipsen. H. Vedel.

José de la Rica y Calvo.

R. Waddington. A. Millerand. A[te] Keufer. Arthur Fontaine. H. Sévène.

Luigi Belloc et aussi pour G. Montemartini.

H. Neuman.

E. Lund.

L. H. W. Regout. H. F. Kuyper.

Ernesto Madeira Pinto.

A. Deucher. F. Kaufmann. E. Frey. Schobinger. H. Scherrer. Jules Vautier. John Syz. Otto Lang.

## TROISIÈME CIRCULAIRE.

*Berne*, le 14 juin 1906.

Monsieur le Ministre,

Par note-circulaire du 26 juin 1905, nous avons transmis aux Gouvernements des Etats représentés à la Conférence pour la protection ouvrière, réunie à Berne en mai de la même année, les décisions de cette Conférence; nous ajoutions qu'en vue de la transformation de ces décisions en Conventions une

Conférence diplomatique nous paraissait indispensable ; nous demandions en conséquence aux prédits Gouvernements de vouloir bien nous faire savoir s'ils étaient d'accord avec nous sur ce point et, dans l'affirmative, de nous communiquer leur manière de voir touchant le lieu et la date de la Conférence diplomatique.

Les réponses reçues peuvent se résumer comme suit :

1. L'*Allemagne*
2. L'*Autriche*
3. La *Hongrie*

} sont d'accord.

4. La *Belgique* est également d'accord, dans la pensée toutefois que la future Conférence aurait à apporter certaines améliorations au texte des décisions de 1905 et à préciser différents points qui paraissent avoir été exposés trop sommairement.

5. Le *Danemark* est d'accord.

6. L'*Espagne* n'a pas encore donné de réponse définitive.

7. La *France* est d'accord.

8. La *Grande-Bretagne* est d'accord en ce qui touche une Convention portant restriction du travail de nuit des femmes dans l'industrie, sous les conditions suivantes :

*a.* que tous les Etats dont la concurrence dans les industries touchées par les Conventions paraît sérieuse adhèrent auxdites Conventions et qu'on prenne en considération la faculté, pour les Etats non représentés à la Conférence et dont certaines industries viendraient à se développer, d'adhérer ultérieurement aux Conventions;

*b.* que des garanties suffisantes soient données par les Etats signataires, en vue d'une application rigoureuse des restrictions statuées par les Conventions;

et que l'on considère aussi les questions suivantes :

*a.* s'il n'y aurait pas lieu de fixer une limite à la durée des Conventions (le Gouvernement britannique se réserve de soulever cette question à la Conférence);

*b.* s'il ne conviendrait pas de constituer un tribunal ou une commission qui puisse être saisi des cas dans lesquels serait alléguée une non-observation, par tel Etat, des règles acceptées, ainsi que des cas dans lesquels une modification à ces règles serait proposée ensuite de nouvelles découvertes chimiques ou mécaniques.

Le Gouvernement britannique trouve, en outre, désirable que la Conférence examine les conditions de la réunion de Conférences ultérieures et de la conclusion de Conventions futures ; il exprime l'avis qu'à l'avenir les enquêtes et les recherches précédant nécessairement la conclusion d'arrangements internationaux devraient être entreprises, non par une association privée, mais par les organes officiels des Gouvernements intéressés.

Quant à l'interdiction du phosphore blanc dans l'industrie des allumettes, le Gouvernement britannique n'est pas encore en mesure de répondre.

9. L'*Italie*
10. Le *Luxembourg* } sont d'accord.

11. La *Norvège* déclare que, tout en appréciant le but sympathique de la Conférence, elle ne croit pas opportun d'y prendre part, vu qu'elle ne pourrait pour le moment adhérer entièrement aux Conventions à conclure.

12. Les *Pays-Bas* sont d'accord.

13. Le *Portugal* est d'accord en ce qui touche l'interdiction du travail de nuit des femmes dans l'industrie ; il n'a pas encore pris de résolution quant à l'interdiction du phosphore blanc.

14. La *Suède* est d'accord en ce qui touche l'interdiction du travail de nuit des femmes dans l'industrie ; toutefois, vu les modifications que cette Convention imposerait à la législation suédoise actuelle, le délai prévu à l'article 5 des „Bases", pour le dépôt des ratifications (31 décembre 1907), serait trop bref pour la Suède.

Par contre, ajoute le Gouvernement suédois, l'expérience ayant démontré en Suède que les dangers résultant de l'emploi du phosphore blanc dans l'industrie des allumettes peuvent être efficacement combattus sans avoir recours à une interdiction d'emploi de cette matière, le Gouvernement ne croit pas devoir adhérer à une Convention y relative.

15. La *Suisse* est prête à participer à la conclusion de Conventions.

Nous avons donc :

*a*. sur la question du travail de nuit :

13 acceptations,

1 refus,

1 Etat dont la décision n'est pas encore intervenue ;

*b*. sur la question du phosphore :

10 acceptations,

2 refus,

3 Etats dont la décision n'est pas encore intervenue.

Ce résultat est très encourageant, car il constitue de la part d'un nombre important d'Etats la marque d'une ferme volonté de régler par voie de Conventions internationales telles questions de protection ouvrière. Une fois posée la pierre angulaire, on pourra compter sur un développement heureux de la protection ouvrière internationale et, par conséquent aussi, nationale.

Rien ne s'opposant à la conclusion d'une Convention internationale touchant l'*interdiction du travail de nuit des femmes employées dans l'industrie*, nous avons cru devoir préparer le projet d'une Convention y relative. Votre Excellence trouvera ci-joint ce projet, à titre de simple programme pour les délibérations de la Conférence diplomatique. Il reproduit essentiellement le texte même des décisions de la Conférence de Berne de 1905, décisions auxquelles la Conférence diplomatique pourra naturellement apporter les modifications qui lui paraîtraient utiles. Nous avons ajouté certaines dispositions qui constituent la partie formelle de la Convention. Quant aux intéressantes propositions du Gouvernement britannique, il appartiendra également à la Conférence elle-même d'en décider. Ajoutons que le Gouvernement japonais réserve sa réponse, touchant une Convention sur l'interdiction du travail des femmes dans l'industrie, jusqu'à ce que des études de la question soient terminées.

Pour *l'interdiction de l'emploi du phosphore blanc dans l'industrie des allumettes*, les perspectives sont moins nettement favorables. D'après l'article 4 des „Bases", la mise en vigueur d'une Convention sur cet objet serait subordonnée à l'adhésion de tous les Etats représentés à la Conférence de 1905, ainsi que du Japon ; or, on a vu plus haut que certains de ces Etats ne signeraient pas la Convention, et *le Japon* se trouve dans le même cas. Le Gouvernement japonais déclare en effet que, tout en reconnaissant l'importance de la question au point de vue sanitaire, il regrette de ne pouvoir, pour le moment, prendre une décision définitive, ni par conséquent adhérer aux résolutions de la Conférence de 1905.

Dans cette situation, les Gouvernements des Etats intéressés auront à décider s'il convient de poursuivre entre un nombre restreint d'Etats la conclusion d'une Convention sur la question du phosphore, ou s'il est préférable d'y renoncer. Nous ne nous croyons pas en droit de retrancher du programme de la Conférence diplomatique cette question du phosphore, dont le sort résultera des instructions apportées à la Conférence par les représentants des Etats; la préparation d'un projet de Convention sur la matière ne nous a point paru opportune.

Touchant le lieu et la date de la Conférence, certains Etats ont renoncé à toute proposition, tandis que d'autres s'en remettaient à notre choix ou proposaient la ville de Berne comme lieu de réunion. Nous nous permettons donc de fixer *au lundi 17 septembre 1906*, à 3 heures du soir, à Berne (salle du Conseil des Etats), au Palais fédéral, l'ouverture de la Conférence internationale diplomatique pour la protection ouvrière.

Pour les délibérations de la Conférence, nous proposons les objets suivants :

1. Ouverture par M. le Conseiller fédéral Deucher, Chef du Département fédéral du Commerce, de l'Industrie et de l'Agriculture.
2. Appel des Représentants et communication des pouvoirs.
3. Fixation du Règlement de la Conférence.
4. Election du Bureau.
5. Etablissement d'une Convention internationale sur l'interdiction du travail de nuit des femmes employées dans l'industrie.
6. Eventuellement, établissement d'une Convention internationale sur l'interdiction de l'emploi du phosphore blanc (jaune) dans l'industrie des allumettes.
7. Signature des textes adoptés et, s'il y a lieu, des Protocoles de clôture.

Nous avons l'honneur de prier Votre Excellence de vouloir bien nous faire connaître, pour la fin de juillet prochain, les noms des Plénipotentiaires que Votre Gouvernement aura délégués pour le représenter à la Conférence de Berne de septembre 1906.

La présente note-circulaire est adressée aux Gouvernements des Etats suivants : Allemagne, Autriche, Hongrie, Belgique, Danemark, Espagne, France, Grande-Bretagne, Japon, Italie, Luxembourg, Pays-Bas, Portugal, Suède.

Veuillez agréer, Monsieur le Ministre, l'assurance de notre haute considération.

Au nom du Conseil fédéral suisse :

*Le Président de la Confédération,*

L. FORRER.

*Le Chancelier de la Confédération,*

RINGIER.

*Annexe :*

PROJET DE CONVENTION.

# CONVENTION INTERNATIONALE

SUR

## L'INTERDICTION DU TRAVAIL DE NUIT DES FEMMES EMPLOYÉES DANS L'INDUSTRIE.

*(Enumération des Parties contractantes.)*

Désirant développer la protection ouvrière, par l'adoption de certaines dispositions communément applicables à divers Etats,

Ont résolu de conclure une convention à cet effet et ont nommé pour leurs Plénipotentiaires, savoir:

*(Noms des Plénipotentiaires.)*

Lesquels, après s'être communiqué leurs pleins pouvoirs, trouvés en bonne et due forme, sont convenus des dispositions suivantes :

### ARTICLE PREMIER.

Le travail industriel de nuit sera interdit à toutes les femmes, sans distinction d'âge, sous réserve des exceptions ci-après :

La présente Convention s'applique à toutes les entreprises industrielles où sont employés plus de dix ouvriers et ouvrières; elle ne s'applique en aucun cas aux entreprises où ne sont employés que les membres de la famille.

A chacun des Etats contractants incombe le soin de définir ce qu'il faut entendre par entreprises industrielles. Parmi celles-ci seront en tout cas comprises les mines et carrières, ainsi que les industries de fabrication et de transformation des matières ; la législation nationale précisera sur ce dernier point la limite entre l'industrie, d'une part, l'agriculture et le commerce, de l'autre.

ARTICLE 2.

Le repos de nuit visé à l'article précédent aura une durée minimum de onze heures consécutives ; dans ces onze heures, quelle que soit la législation de chaque Etat, devra être compris l'intervalle de dix heures du soir à cinq heures du matin.

Toutefois, dans les Etats où le travail de nuit des femmes adultes employées dans l'industrie n'est pas actuellement réglementé, la durée du repos ininterrompu pourra, à titre transitoire et pour une période de trois ans au plus, être limitée à dix heures.

ARTICLE 3.

L'interdiction du travail de nuit pourra être levée :

1. en cas de force majeure, lorsque dans une entreprise se produit une interruption d'exploitation impossible à prévoir et n'ayant pas un caractère périodique ;

2. dans le cas où le travail s'applique à des matières premières susceptibles d'altération très rapide, chaque fois que cela sera nécessaire pour sauver ces matières d'une perte inévitable.

ARTICLE 4.

Dans les industries soumises à l'influence des saisons et en cas de circonstances exceptionnelles pour toute entreprise, la durée du repos ininterrompu de nuit pourra être réduite à dix heures, soixante jours par an.

ARTICLE 5.

(Applicabilité de la Convention aux provinces, colonies ou possessions d'outre-mer.)

### Article 6.

. La présente Convention sera ratifiée et les ratifications en seront déposées le                                  au plus tard auprès du Conseil fédéral suisse.

Il sera dressé de ce dépôt un procès-verbal, dont une copie, certifiée conforme, sera remise par la voie diplomatique à chacun des Etats contractants.

La présente Convention entrera en vigueur trois ans après la clôture du procès-verbal de dépôt.

Ce délai est fixé à dix ans :

1. pour les fabriques de sucre brut de betterave ;

2. pour le peignage et la filature de la laine ;

3. pour les travaux au jour des exploitations minières, lorsque ces travaux sont arrêtés annuellement, quatre mois au moins, par des influences climatériques.

### Article 7.

Les Etats non signataires de la présente Convention sont admis à déclarer leur adhésion, en indiquant la date de sa prise d'effet, par un acte adressé au Conseil fédéral suisse, qui le fera connaître à chacun des autres Etats contractants.

### Article 8.

La présente Convention peut être dénoncée en tout temps.

Toute dénonciation produira effet un an après qu'elle aura été adressée par écrit au Conseil fédéral suisse, qui la communiquera immédiatement à chacun des autres Etats contractants.

La dénonciation n'aura d'effet qu'à l'égard de l'Etat de qui elle sera émanée.

En foi de quoi, les Plénipotentiaires ont signé la présente Convention.

Fait à Berne, le , en un seul exemplaire, qui demeurera déposé aux archives de la Confédération suisse et dont une copie certifiée conforme sera remise, par la voie diplomatique, à chacun des Etats contractants.

*(Signatures des Plénipotentiaires.)*

## QUATRIÈME CIRCULAIRE.

*Berne*, le 4 septembre 1906.

Monsieur le Ministre,

Faisant suite à notre circulaire du 14 juin 1906, nous avons l'honneur d'adresser à Votre Excellence les communications ci-après relatives à la Conférence diplomatique internationale pour la protection ouvrière, qui s'ouvrira à Berne le 17 de ce mois.

1. Un Etat a exprimé le désir qu'un Projet de *Règlement* fût porté à la connaissance de la Conférence avant sa réunion. Nous déférons volontiers à ce désir et joignons ledit Projet à la présente. Nous ferons remarquer seulement que l'article 7 (question de la langue à employer) répond textuellement à la disposition adoptée pour la Conférence de revision de la Convention de Genève, qui a eu lieu cette année. C'est à la Conférence d'arrêter le Règlement et, éventuellement, en ce qui concerne les délibérations orales, d'interpréter l'article en question comme l'a fait la Conférence de Genève.

2. Le Ministère *danois* des Affaires étrangères nous communique par note du 20 août ce qui suit : „Avant la réunion de cette Conférence, je crois pourtant devoir vous avertir, Messieurs, que, pour ce qui concerne l'interdiction du travail de nuit des femmes dans l'industrie, le Danemark sera obligé de

faire certaines restrictions. Ainsi, ce pays doit se réserver le droit d'établir des dispositions transitoires, et le délai nécessaire pour consacrer, par voie législative, les interdictions en question. Les démarches à ce dernier effet ne pourront guère être faites avant la revision de la loi actuelle sur le travail dans les manufactures, revision qui, d'après la loi, doit avoir lieu au plus tard en 1910. En outre, le Danemark attache de l'importance à ce que la définition détaillée des professions industrielles comprises dans la Convention éventuelle soit faite par chaque Etat lui-même, ainsi qu'il fut décidé à la Conférence de Berne en mai 1905.

„Dans ce sens porteront les instructions du Délégué danois à la prochaine Conférence."

3. Le Gouvernement *japonais* exprime ses regrets de ne pouvoir donner suite à l'invitation qui lui a été adressée de prendre part à la Conférence.

4. A notre demande, le Ministère *britannique* des Affaires étrangères a précisé ses propositions (voir notre note du 14 juin 1906). Nous sommes autorisés à vous donner ***à titre strictement confidentiel*** connaissance de la rédaction actuelle de ces propositions. Elles sont ainsi conçues :

„A.

A chacun des Etats contractants incombe le soin de prendre les mesures administratives qui seraient nécessaires pour assurer sur son territoire l'exécution précise des dispositions de la présente Convention.

B.

Les Hautes Parties contractantes conviennent de créer une Commission permanente, chargée de surveiller l'exécution des dispositions de la présente Convention.

Cette Commission sera composée de Délégués des divers Etats contractants. Sa première réunion aura lieu à ; la Commission choisit son Président et le lieu de sa prochaine réunion.

Chacune des Hautes Parties contractantes pourra être représentée à la Commission par un Délégué ou par un Délégué et des Délégués-adjoints.

L'Autriche et la Hongrie seront considérées séparément comme Parties contractantes.

La Commission aura pour mission d'émettre un avis sur les questions litigieuses et les plaintes qui lui seront soumises.

Elle n'aura qu'une mission de constatation et d'examen. Elle fera sur toutes les questions et plaintes qui lui seront soumises, un rapport qui sera communiqué aux Etats intéressés.

En dernier ressort, une question en litige sera, sur la demande d'une des Hautes Parties contractantes, soumise à l'arbitrage.

Pour assurer l'exécution des dispositions qui précèdent, les Hautes Parties contractantes se communiqueront par la voie diplomatique les lois, arrêtés et règlements dans l'espèce qui sont ou seront en vigueur dans le pays, ainsi que les pièces justificatives.

Dans le cas où les Hautes Parties contractantes seraient disposées à réunir des Conférences au sujet de questions industrielles, la Commission se chargera d'en discuter le programme et servira de moyen pour les échanges de vues préliminaires.

C.

Article IV.

Dans les industries soumises à l'influence des saisons ou à des demandes de production inattendues et provisoires et en cas de circonstances exceptionnelles pour toute entreprise, la durée du repos ininterrompu de nuit pourra être réduite à dix heures, soixante jours par an.

D.

La présente Convention aura une durée de cinq ans, à compter de l'échange des ratifications. Elle sera renouvelée de cinq en cinq années par tacite reconduction, à moins que l'une des Hautes Parties contractantes n'ait notifié une année avant l'expiration de ladite période de cinq années son intention d'en faire cesser les effets.

Dans le cas où l'une des Hautes Parties contractantes dénoncerait la Convention, cette dénonciation n'aurait d'effet qu'à son égard."

Le Gouvernement britannique propose en outre d'insérer à l'article 6, 1er alinéa, du Projet de Convention internationale (voir l'annexe à notre note du 14 juin 1906) la date du 1er janvier 1908.

5. Pour éviter tout malentendu, nous ajoutons que, selon nous, les représentants des Etats doivent avoir plein pouvoir de conclure et de signer la ou les Conventions intervenues (voir article 11 du Projet de Règlement).

Veuillez agréer, Monsieur le Ministre, l'assurance de notre haute considération.

Au nom du Conseil fédéral suisse :

*Pour le Président de la Confédération,*

BRENNER.

*Le IId Vice-Chancelier,*

GIGANDET.

*Annexe :*

PROJET DE RÈGLEMENT.

# RÈGLEMENT.

Article premier. La Conférence est formée de tous les fondés de pouvoir des Etats participants.

Elle se constitue par l'élection d'un Président et de deux à trois Vice-Présidents et désigne son Secrétariat.

Art. 2. Les délibérations ont lieu sur la base de la note adressée le 14 juin 1906 par le Conseil fédéral suisse aux Etats participants à la Conférence.

Art. 3. La Conférence décide s'il y a lieu d'élire des Commissions pour préparer les diverses questions formulées dans le programme ou pour rédiger des textes et, dans l'affirmative, elle procède à l'élection de ces Commissions. La Délégation de chaque Etat désigne un ou plusieurs membres pour chacune de ces Commissions, mais n'y aura qu'une voix.

Art. 4. Chaque Commission désigne son Président et son Rapporteur. Le rapport écrit tient lieu de procès-verbal. Chaque membre de la Conférence peut assister aux discussions des Commissions.

Art. 5. Les propositions des Commissions doivent être imprimées et remises aux membres de la Conférence avant l'ouverture des débats.

Il en sera de même, en règle générale, de toute proposition individuelle, si elle a été prise en considération par la Conférence.

Art. 6. En règle générale, toute proposition présentée à la Conférence ou aux Commissions doit être remise par écrit au Président.

Art. 7. La langue française est employée comme langue officielle pour les Actes de la Conférence, pour les procès-verbaux et pour la rédaction des propositions soumises à l'examen des Délégués.

Art. 8. Le vote a lieu par appel nominal des Etats, dans l'ordre alphabétique français.

Chaque Etat a une voix. En cas d'égalité de suffrages, c'est la voix de l'Etat auquel appartient le Président de la Conférence, qui décide.

Art. 9. Le procès-verbal de la Conférence contient un résumé des discours, les rapports des Commissions et le texte des propositions et des résolutions.

Tout membre de la Conférence a le droit de demander la reproduction intégrale de son discours dans le procès-verbal, mais, dans ce cas, il est tenu d'en remettre le texte par écrit au Secrétariat dans la soirée qui suit la séance.

Le procès-verbal de chaque séance est soumis en épreuves aux membres de la Conférence; les épreuves corrigées doivent être retournées au Secrétariat dans les 24 heures. Il n'est pas donné lecture du procès-verbal.

Le procès-verbal de la Conférence, une fois terminé, doit être revêtu des signatures du Président et du Secrétariat.

Art. 10. Les séances de la Conférence et des Commissions ne sont pas publiques.

Art. 11. La ou les Conventions intervenues seront signées, comme résultat des travaux de la Conférence, par les fondés de pouvoir de tous les Etats qui y adhéreront; la ratification de ces Etats demeure réservée.

# LISTE DES DÉLÉGUÉS

À LA

# CONFÉRENCE DIPLOMATIQUE

POUR LA

# PROTECTION OUVRIÈRE.

---

## Allemagne:

Son Exc. M. le Chambellan et Conseiller intime actuel Alfred *de Bülow*, Envoyé extraordinaire et Ministre plénipotentiaire à Berne.

M. *Caspar*, Directeur à l'Office de l'Intérieur de l'Empire.

M. *Frick*, Conseiller intime supérieur de gouvernement et Conseiller rapporteur au Ministère prussien du Commerce et de l'Industrie.

M. *Eckardt*, Conseiller de légation actuel et Conseiller rapporteur à l'Office des Affaires étrangères de l'Empire.

## Autriche et Hongrie:

Son Exc. M. le Baron *Heidler de Egeregg et Syrgenstein*, Conseiller intime actuel, Envoyé extraordinaire et Ministre plénipotentiaire d'Autriche-Hongrie à Berne.

## Autriche:

M. le Dr Franz *Müller*, Conseiller ministériel au Ministère I. R. du Commerce.

## Hongrie:

M. Nicolas *Gerster*, Inspecteur supérieur d'industrie Royal hongrois.

## Belgique:

Son Exc. M. Maurice *Michotte de Welle*, Envoyé extraordinaire et Ministre plénipotentiaire à Berne.

M. Jean *Dubois*, Directeur général de l'Office du Travail au Ministère de l'Industrie et du Travail.

*Adjoint à la Délégation comme Délégué technique :* M. Edmond *Fabri*, Inspecteur principal du travail.

## Danemark:

M. Henrik *Vedel*, Chef de bureau au Ministère de l'Intérieur.

## Espagne:

M. Bernardo *Alméida y Herreros*, Chargé d'Affaires à Berne.

## France:

Son Exc. M. Paul *Révoil*, Ambassadeur à Berne.

M. Arthur *Fontaine*, Directeur du Travail au Ministère du Commerce, de l'Industrie et du Travail.

*Secrétaire de la Délégation :* M. le Baron *de Villiers Terrage*, chargé des fonctions de premier Secrétaire de l'Ambassade.

*Secrétaire-adjoint :* M. *Picquenard*, Rédacteur en chef du Bulletin de l'Office du Travail.

## Grande-Bretagne:

M. Herbert *Samuel*, Membre du Parlement, Sous-Secrétaire d'Etat parlementaire au Ministère de l'Intérieur.

M. Malcolm *Delevingne*, du Ministère de l'Intérieur.

*Secrétaire de la Délégation :* M. Victor *Wellesley*, du Ministère des Affaires étrangères.

## Italie:

Son Exc. M. le Comte Roberto *Magliano di Villar San Marco*, Envoyé extraordinaire et Ministre plénipotentiaire à Berne.

M. le Prof. Giovanni *Montemartini*, Directeur de l'Office du Travail près le Ministère Royal de l'Agriculture et du Commerce.

## Luxembourg:

M. Henri *Neuman*, Conseiller d'Etat.

## Pays-Bas:

M. le Chambellan Comte *de Rechteren Limpurg Almelo*, Ministre-Résident à Berne.

M. le Dr L. H. W. *Regout*, Membre de la Première Chambre des Etats Généraux.

## Portugal:

Son Exc. Alberto *d'Oliveira*, Envoyé extraordinaire et Ministre plénipotentiaire à Berne.

## Suède:

M. Alfred *de Lagerheim*, ancien Ministre des Affaires étrangères, Directeur général et Chef du Collège Royal de Commerce.

## Suisse:

M. Emile *Frey*, ancien Conseiller fédéral.

M. le Dr Franz *Kaufmann*, Chef de la Division de l'Industrie au Département fédéral du Commerce, de l'Industrie et de l'Agriculture.

M. Adrien *Lachenal*, ancien Conseiller fédéral, Député au Conseil des Etats.

M. Joseph Antoine *Schobinger*, Conseiller national.

M. Henri *Scherrer*, Conseiller national.

M. John *Syz*, Président de l'Association suisse des filateurs, tisserands et retordeurs.

## Secrétariat.

| | |
|---|---|
| *Secrétaires :* | M. Otto Rieser. |
| | M. Paul Dinichert. |
| *Secrétaires-traducteurs :* | M. Charles Vogt. |
| | M. Ernest Rœthlisberger. |
| *Secrétaires-adjoints :* | M. Edmond Fabri. |
| | M. le Baron de Villiers Terrage. |
| | M. Victor Wellesley. |
| | M. le Comte Fazio Pignatti-Morano. |

II.

# PROCÈS-VERBAUX

DES

# SÉANCES PLÉNIÈRES

ET DES

# SÉANCES DE COMMISSION.

# PROCÈS-VERBAUX

DES

# SÉANCES PLÉNIÈRES ET DES SÉANCES DE COMMISSION.

---

## SÉANCE D'OUVERTURE.

17 septembre 1906.

Présidence de M. le Conseiller fédéral Adolphe *Deucher*,
Chef du Département fédéral
du Commerce, de l'Industrie et de l'Agriculture.

La séance est ouverte à 3 heures, dans la salle du Conseil des Etats, au Palais fédéral, par M. le Conseiller fédéral *Deucher*, qui prononce le discours suivant:

*Messieurs,*

Le Conseil fédéral suisse a chargé le Chef du Département de l'Industrie d'ouvrir cette Conférence diplomatique et de souhaiter à MM. les Délégués des Gouvernements représentés une cordiale bienvenue dans la Ville fédérale.

En remplissant cette mission qui implique pour moi un grand honneur, je ne vous cacherai pas mon émotion, comparable à celle d'un navigateur qui voit surgir la terre et qui, sans plus songer aux difficultés multiples de l'abordage, croit enfin toucher le but de sa longue pérégrination.

Vous n'attendrez pas de moi, Messieurs, que, dans ce moment, je vous fasse un tableau des diverses étapes de cette pérégrination, des aspirations formulées, des impulsions données, des essais frustrés ou des efforts renouvelés dans le domaine de la protection ouvrière, et moins encore que j'essaie de scruter les mobiles de ceux, Gouvernements ou particuliers, qui ont voulu nous tracer la voie. Peu importe, en face de la grandeur de la solution cherchée, que ce soient la crainte de la concurrence sur le marché universel, l'appréhension de l'inégalité des conditions économiques de cette lutte et la tendance de restreindre la surproduction existant à l'état chronique, qui aient inspiré l'internationalisation des questions de la protection ouvrière, ou que la charité et la civilisation moderne se soient préoccupées d'améliorer le sort des classes laborieuses, que le point de vue sanitaire et hygiénique ou les exigences du recrutement militaire aient prédominé chez les initiateurs, que l'intérêt égoïste ou l'idée humanitaire ait poussé aux réformes si hautement désirables.

Il suffira de nous rappeler en deux mots les principales phases de ce mouvement. D'une part, les trois tentatives faites par le Conseil fédéral suisse en vue d'une réglementation internationale uniforme du travail dans les fabriques et des conditions ouvrières, d'abord en 1881, à la suite d'une motion du Conseiller national Frey, puis en 1889, à la suite de la motion des Conseillers nationaux Decurtins et Favon, enfin, après la Conférence de Berlin, en 1895, en exécution des résolutions votées par les Chambres fédérales. D'autre part, succédant à l'action gouvernementale, l'action vigoureuse de l'initiative privée, notamment celle de l'Association internationale pour la protection légale des travailleurs, qui aboutit à la convocation, il y a un an, d'une Conférence consultative et technique, laquelle a délibéré sur un programme restreint à deux seules questions et a esquissé les éléments de deux Accords internationaux renvoyés aux négociations diplomatiques.

La Conférence actuelle est ainsi appelée en premier lieu à transformer, si possible, les Bases d'une Convention, établissant un repos nocturne obligatoire pour toutes les ouvrières occupées au nombre de plus de dix dans les exploitations industrielles, en un instrument diplomatique définitif dont l'élaboration sera facilitée par un projet envoyé aux Gouvernements avec la circulaire d'invitation du 14 juin 1906. Votre réunion prendra sûrement en considération toutes les propositions tendant à préciser la portée de ce texte et à en assurer une mise à exécution large et efficace.

En ce qui concerne la seconde question figurant sur le programme, celle de l'interdiction de l'emploi du phosphore, MM. les Délégués décideront en vertu des instructions reçues, si, en présence de l'impossibilité dans laquelle certains Gouvernements déclarent se trouver de signer un Acte semblable, le plan de rédiger une Convention y relative doit être abandonné ou pourra être repris, sur d'autres bases, entre un nombre plus restreint de pays. La question de l'extermination de la nécrose ne cessera de se poser, impérieuse et lugubre, jusqu'à ce qu'elle ait trouvé une solution satisfaisante.

Ce ne sont donc plus des desiderata chimériques ou tout au moins platoniques, ce ne sont plus des théories ni des spéculations qui constitueront le fond même des débats qui vont s'ouvrir, mais bien des propositions tangibles et palpables, ayant passé par le creuset des délibérations longues et réfléchies des associations privées des principaux intéressés et des hommes éminents qui ont siégé ici en mission officielle, il y a dix-huit mois. Pour avoir pesé sagement les possibilités du moment et revêtir le caractère d'une transaction, ces propositions n'en sont que plus méritoires.

Cependant, pourquoi se dissimuler que ce programme est bien limité, qu'il forme un secteur minime de tout ce vaste cercle des postulats dont se compose l'ensemble des revendications sociales que la protection ouvrière tend à apaiser, enfin qu'il embrasse seulement quelques points parmi ceux qui, selon l'exposé historique sommaire qui vous a été remis, ont été soulevés au cours de la période de gestation des dernières cinquante années.

Les impatients, les ignorants ou les gens de mauvaise volonté pour lesquels le mieux est l'ennemi du bien, ne manqueront pas de hausser les épaules en présence de cette base de discussion si étroitement circonscrite.

Mais, Messieurs, le bel adage: „Fais ce que tu dois, advienne que pourra" a sa raison d'être aussi bien pour l'Etat que pour l'individu. Nous ferons résolument notre devoir, quelque modeste qu'il soit.

Les phrases creuses et les formules vides ne nous imposent pas. La noblesse de l'effort et l'effet atteint sont deux éléments qui ne sont que trop fréquemment disproportionnés dans la vie réelle, surtout là où les intérêts entrent en conflit. Nous avons la conscience nette qu'en ne violentant pas le temps, en ne brusquant pas les choses, nous ne travaillons que plus sûrement pour une de ces œuvres durables qu'enregistrera l'opinion publique comme une conquête en apparence facile, simplement parce qu'elle arrive à son époque. Nous savons que les progrès sont d'autant plus solides dans la vie des peuples qu'ils ont été chèrement achetés. L'expérience nous enseigne que toute unification internationale est un stimulant particulièrement puissant pour des réformes d'ordre intérieur. Nous avons donc confiance en l'avenir et nous sommes certains que si l'entente aboutit maintenant dans les conditions restreintes indiquées, l'impulsion vivifiante sera donnée, l'idée se développera en marchant, *crescet eundo*, les accords se multiplieront après avoir été préparés par de futures réunions dont la convocation est dès maintenant réclamée, tant elles semblent désirables, si ce n'est indispensables.

Le mouvement industriel moderne est essentiellement international; les forces productrices, l'application des moyens de production, la répartition des produits ne s'arrêtent nulle part aux frontières nationales. L'isolement d'un pays n'est plus possible. Tout conduit dès lors, par la logique sévère des principes, vers des stipulations internationales envisagées encore en

1855 comme de „vains désirs“, mais nécessaires aujourd'hui pour établir une certaine unité dans les grandes affaires communes. Ce mouvement arrivera, ces jours-ci, nous l'espérons fermement, à un point de repère qui marquera et dans l'histoire du droit international et dans les annales de l'humanité.

Messieurs, le 6 juillet dernier, une Conférence diplomatique a terminé les travaux d'une revision sérieuse de la Convention de Genève de 1864 et a réussi à améliorer notablement le sort des blessés et malades dans les armées en campagne. Puissiez-vous réussir, à votre tour, à transformer les résolutions de l'année passée en réalités, à modifier par un arrangement entre pays la situation sanitaire et sociale de ceux que la guerre industrielle, souvent aussi impitoyable que la guerre armée, a blessés et affaiblis par l'excès des fatigues et l'insalubrité du travail, car ils ont besoin de ménagements et d'un traitement qui, grâce au repos et aux précautions hygiéniques, raffermisse leur santé physique et morale et par là celle de leurs proches.

En souhaitant pleine réussite à la codification des règles humanitaires destinées à adoucir le sort d'une partie des victimes des combats économiques et à servir ainsi, en une certaine mesure, à la pacification sociale et à la solidarité entre les nations et les hommes, je déclare la Conférence ouverte. *(Applaudissements.)*

Son Exc. M. *Révoil*, Ambassadeur de France, prend la parole en ces termes:

*Messieurs,*

Au nom des Délégués des Etats participants à la Conférence, j'adresse au Gouvernement fédéral nos plus sincères remerciements pour la bienvenue que vient de nous souhaiter en termes si cordiaux M. le Conseiller fédéral Deucher.

Je crois répondre aux sentiments unanimes de mes Collègues en donnant notre plus complète adhésion aux idées à la fois si généreuses et si sensées que le Chef éminent du Département fédéral du Commerce, de l'Industrie et de l'Agriculture a exprimées avec une conviction qu'il puise dans sa longue expérience et dans son ardente foi démocratique.

Tous, Messieurs, nous sommes ici animés du même désir d'apporter la sanction d'un engagement réciproque à un premier ensemble de mesures efficaces et pratiques concernant la protection du travail.

Ce sera l'honneur des Etats ici représentés d'avoir, à l'aurore de ce siècle, publiquement témoigné de leur solidarité dans l'accomplissement du devoir social qui s'impose au-dessus de tous aux peuples et à leurs Gouvernements.

Rendons hommage aux nobles esprits, aux nations éprises de justice et de progrès qui ont pris à cet égard les premières initiatives, et parmi elles saluons notre hôte, la Suisse, toujours à l'avant-garde dans la lutte pour l'amélioration morale et matérielle de la condition humaine.

Messieurs, je vous propose de désigner par acclamation comme Président de notre Conférence M. Emile Frey, ancien Conseiller fédéral. *(Applaudissements.)*

Son Exc. M. *de Bülow*, Ministre d'Allemagne, appuie chaleureusement la proposition de M. l'Ambassadeur de France d'appeler à la Présidence de la Conférence M. Emile Frey.

M. le Conseiller fédéral *Deucher* invite M. Frey à venir occuper le fauteuil de la Présidence.

Présidence de M. Emile *Frey*.

Le *Président* s'exprime ainsi:

*Messieurs,*

Je suis profondément reconnaissant à Son Exc. M. l'Ambassadeur de France d'avoir bien voulu me proposer pour la Présidence, et à vous, Messieurs, de l'insigne honneur que vous m'avez fait en ratifiant cette proposition. Tous mes efforts tendront à justifier votre confiance, mais je me rends parfaitement compte que je n'y parviendrai qu'avec l'aide de votre indulgence.

Nous sommes appelés à transformer le résultat des délibérations de la Conférence de 1905 en des instruments diplomatiques. Le but ultérieur que nous avons en vue est d'arriver à une solution satisfaisante de la question de la protection ouvrière, convaincus que nous sommes que cette question ne pourra être résolue définitivement que par la voie d'une série d'ententes entre les Gouvernements des Etats industriels. Ces ententes constitueront une œuvre de sagesse gouvernementale et de paix sociale qui fera honneur à notre siècle.

En formant les vœux les plus ardents pour que les travaux de notre Conférence soient couronnés de succès, j'ai l'honneur de déclarer la séance ouverte. *(Applaudissements.)*

Le *Président* propose de constituer provisoirement le Bureau de la manière suivante :

M. le Dr Otto *Rieser*, Secrétaire de la Division de l'Industrie au Département fédéral du Commerce, de l'Industrie et de l'Agriculture, et M. Paul *Dinichert*, Secrétaire-adjoint du Département politique fédéral, Secrétaires ; M. Charles *Vogt* et M. le Prof. Ernest *Röthlisberger*, Secrétaires-traducteurs.

Cette proposition est approuvée, puis il est procédé à l'appel nominal de MM. les Délégués.

Sont présents :

## Pour l'Allemagne :

Son Exc. M. le Chambellan et Conseiller intime actuel Alfred *de Bülow*, Envoyé extraordinaire et Ministre plénipotentiaire à Berne.

M. *Caspar*, Directeur à l'Office de l'Intérieur de l'Empire.

M. *Frick*, Conseiller intime supérieur de gouvernement et Conseiller rapporteur au Ministère prussien du Commerce et de l'Industrie.

M. *Eckardt*, Conseiller de légation actuel et Conseiller rapporteur à l'Office des Affaires étrangères de l'Empire.

Pour l'Autriche et pour la Hongrie:

Son Exc. M. le Baron *Heidler de Egeregg et Syrgenstein*, Conseiller intime actuel, Envoyé axtraordinaire et Ministre plénipotentiaire d'Autriche-Hongrie à Berne.

Pour l'Autriche:

M. le Dr Franz *Müller*, Conseiller ministériel au Ministère I. R. du Commerce.

Pour la Hongrie:

M. Nicolas *Gerster*, Inspecteur supérieur d'industrie Royal hongrois.

Pour la Belgique:

Son Exc. M. Maurice *Michotte de Welle*, Envoyé extraordinaire et Ministre plénipotentiaire à Berne.

M. Jean *Dubois*, Directeur général de l'Office du Travail au Ministère de l'Industrie et du Travail.

*Adjoint à la Délégation comme Délégué technique:* M. Edmond *Fabri*, Inspecteur principal du travail.

Pour le Danemark:

M. Henrik *Vedel*, Chef de bureau au Ministère de l'Intérieur.

Pour l'Espagne:

M. Bernardo *Alméida y Herreros*, Chargé d'Affaires à Berne.

Pour la France:

Son Exc. M. Paul *Révoil*, Ambassadeur à Berne.

M. Arthur *Fontaine*, Directeur du Travail au Ministère du Commerce, de l'Industrie et du Travail.

*Secrétaire de la Délégation:* M. le Baron *de Villiers Terrage*, chargé des fonctions de premier Secrétaire de l'Ambassade.
*Secrétaire-adjoint:* M. *Picquenard,* Rédacteur en Chef du Bulletin de l'Office du Travail.

Pour la Grande-Bretagne:

M. Herbert *Samuel,* Membre du Parlement, Sous-Secrétaire d'Etat parlementaire au Ministère de l'Intérieur.
M. Malcolm *Delevingne*, du Ministère de l'Intérieur.
*Secrétaire de la Délégation:* M. Victor *Wellesley*, du Ministère des Affaires étrangères.

Pour l'Italie:

Son Exc. M. le Comte Roberto *Magliano di Villar San Marco*, Envoyé extraordinaire et Ministre plénipotentiaire à Berne.
M. le Prof. Giovanni *Montemartini*, Directeur de l'Office du Travail près le Ministère Royal de l'Agriculture et du Commerce.

Pour le Luxembourg:

M. Henri *Neuman,* Conseiller d'Etat.

Pour les Pays-Bas:

M. le Chambellan Comte *de Rechteren Limpurg Almelo*, Ministre-Résident à Berne.
M. le Dr L. H. W. *Regout,* Membre de la Première Chambre des Etats Généraux.

Pour le Portugal:

Son Exc. M. Alberto *d'Oliveira*, Envoyé extraordinaire et Ministre plénipotentiaire à Berne.

Pour la Suède:

M. Alfred *de Lagerheim*, ancien Ministre des Affaires étrangères, Directeur général et Chef du Collège Royal de Commerce.

Pour la Suisse:

M. Emile *Frey*, ancien Conseiller fédéral.

M. le Dr Franz *Kaufmann*, Chef de la Division de l'Industrie au Département fédéral du Commerce, de l'Industrie et de l'Agriculture.

M. Adrien *Lachenal*, ancien Conseiller fédéral, Député au Conseil des Etats.

M. Joseph Antoine *Schobinger*, Conseiller national.

M. Henri *Scherrer*, Conseiller national.

M. John *Syz*, Président de l'Association suisse des filateurs, tisserands et retordeurs.

Son Exc. M. le Baron *Heidler* annonce que M. Emile Homann, Conseiller ministériel au Ministère I. R. de l'Agriculture, ne viendra que si des questions intéressant son ressort sont discutées par la Conférence.

Le *Président* rappelle que les documents suivants ont été distribués:

1° Note-circulaire du Conseil fédéral aux Gouvernements intéressés, du 14 juin 1906, avec un projet de Convention internationale sur l'interdiction du travail de nuit des femmes employées dans l'industrie;

2° Note-circulaire du Conseil fédéral aux Gouvernements intéressés, du 4 septembre 1906, avec un Projet de Règlement pour les délibérations de la Conférence;

3° La liste provisoire des Délégations;

4° Un plan de la salle avec indication des sièges.

Le *Président* fait donner lecture du Projet de Règlement suivant: (voir ci-dessus page 37).

Son Exc. M. *Révoil* propose, pour l'article 1$^{er}$, la rédaction ainsi modifiée:

„La Conférence est formée de tous les Délégués munis de pouvoirs des Etats participants.

„Elle se constitue par l'élection d'un Président et d'un Vice-Président et désigne son Secrétariat."

Cette proposition est adoptée.

Au sujet de l'article 7, le *Président* dit qu'il est entendu que, dans la discussion, chacun pourra se servir de sa propre langue, s'il le préfère.

Son Exc. M. *Révoil* fait remarquer que lorsqu'un membre se servira de sa propre langue dans l'intérêt de la discussion, la traduction intégrale française devra être faite.

Le *Président* déclare qu'il sera procédé ainsi.

Son Ex. M. *Révoil* demande la suppression de la dernière phrase de l'article 8 (v. p. 38), les questions de principe devant être tranchées à l'unanimité et les décisions relatives à la procédure pouvant seules être prises à la majorité des voix.

Cette radiation est décidée.

Le Règlement ainsi discuté revêt la forme définitive suivante:

## RÈGLEMENT.

Article premier. La Conférence est formée de tous les Délégués munis de pouvoirs des Etats participants.

Elle se constitue par l'élection d'un Président et d'un Vice-Président et désigne son Secrétariat.

Art. 2. Les délibérations ont lieu sur la base de la note adressée le 14 juin 1906 par le Conseil fédéral suisse aux Etats participants à la Conférence.

Art. 3. La Conférence décide s'il y a lieu d'élire des Commissions pour préparer les diverses questions formulées dans le programme ou pour rédiger des textes et, dans l'affirmative, elle procède à l'élection de ces Commissions. La Délégation de chaque Etat désigne un ou plusieurs membres pour chacune de ces Commissions, mais n'y aura qu'une voix.

Art. 4. Chaque Commission désigne son Président et son Rapporteur. Le rapport écrit tient lieu de procès-verbal. Chaque membre de la Conférence peut assister aux discussions des Commissions.

Art. 5. Les propositions des Commissions doivent être imprimées et remises aux membres de la Conférence avant l'ouverture des débats.

Il en sera de même, en règle générale, de toute proposition individuelle, si elle a été prise en considération par la Conférence.

Art. 6. En règle générale, toute proposition présentée à la Conférence ou aux Commissions doit être remise par écrit au Président.

Art. 7. La langue française est employée comme langue officielle pour les Actes de la Conférence, pour les procès-verbaux et pour la rédaction des propositions soumises à l'examen des Délégués.

Art. 8. Le vote a lieu par appel nominal des Etats, dans l'ordre alphabétique français.

Chaque Etat a une voix.

Art. 9. Le procès-verbal de la Conférence contient un résumé des discours, les rapports des Commissions et le texte des propositions et des résolutions.

Tout membre de la Conférence a le droit de demander la reproduction intégrale de son discours dans le procès-verbal, mais, dans ce cas, il est tenu d'en remettre le texte par écrit au Secrétariat dans la soirée qui suit la séance.

Le procès-verbal de chaque séance est soumis en épreuves aux membres de la Conférence; les épreuves corrigées doivent être retournées au Secrétariat dans les vingt-quatre heures. Il n'est pas donné lecture du procès-verbal.

Le procès-verbal de la Conférence, une fois terminé, doit être revêtu des signatures du Président et du Secrétariat.

Art. 10. Les séances de la Conférence et des Commissions ne sont pas publiques.

Art. 11. La ou les Conventions intervenues seront signées, comme résultat des travaux de la Conférence, par les Délégués munis de pouvoirs de tous les Etats qui y adhéreront; la ratification de ces Etats demeure réservée.

Le *Président* propose, à ce moment, de désigner comme Vice-Président M. Adrien *Lachenal*, ancien Conseiller fédéral.

Cette proposition est ratifiée par acclamation.

M. *Lachenal*, en occupant le fauteuil de la Vice-Présidence, remercie de l'honneur qui lui est fait, à lui et au pays qu'il représente.

Sur la proposition de son *Président*, la Conférence confirme le Bureau provisoire, et sur celle de son Exc. M. *de Bülow*, désigne comme Secrétaires-adjoints:

M. *Fabri*, Inspecteur principal du travail, adjoint à la Délégation belge comme Délégué technique;

M. le Baron *de Villiers Terrage*, chargé des fonctions de premier Secrétaire de l'Ambassade, Secrétaire de la Délégation française;

M. *Wellesley*, du Ministère des Affaires étrangères, Secrétaire de la Délégation britannique;

M. le Comte *Pignatti-Morano*, Attaché à la Légation d'Italie à Berne.

Son Exc. M. *Révoil,* tout en rappelant que le Règlement prévoit la formation de Commissions, croit qu'il serait utile que la Conférence se constituât en Commission in plenum. Une Commission de rédaction pourra être ultérieurement désignée et les textes élaborés par elle soumis à la Conférence plénière.

Le *Président* constate que tout le monde se rallie à cette proposition; la Conférence se constitue immédiatement en Commission in plenum.

La séance plénière est close à 4 heures.

*Le Président:*

EMILE FREY.

Pour le Secrétariat,

*Les Secrétaires:*

OTTO RIESER.

PAUL DINICHERT.

---

## PREMIÈRE SÉANCE DE COMMISSION.

17 septembre 1906.

Présidence de M. Emile *Frey,* Président.

La séance est ouverte à 4 heures.

Le *Président,* avec l'assentiment de la Commission, ouvre la discussion générale sur la question de l'interdiction de l'emploi du phosphore blanc dans l'industrie des allumettes.

M. *Caspar* déclare que l'Empire d'Allemagne est prêt à signer la Convention concernant l'interdiction de l'emploi du phosphore dans la fabrication des allumettes. Il rappelle que plusieurs Etats avaient, en 1905, subordonné leur adhésion à celle du Japon. Or cette Puissance a, dans l'intervalle, fait savoir qu'elle n'accéderait pas à la Convention, de sorte qu'il s'agit aujourd'hui uniquement de savoir si les Etats qui avaient réservé leur adhésion maintiennent leur point de vue.

M. *Müller* dit que l'Autriche aurait volontiers accepté les propositions de la Suisse; elle l'aurait fait, si tous les Etats participants, plus le Japon, avaient été disposés à prohiber l'emploi du phosphore. L'Autriche regrette que la situation actuelle ne lui permette pas de se joindre à un groupe limité d'Etats qui adopteraient la prohibition; elle prendra les mesures propres à sauvegarder la santé des ouvriers employés dans la fabrication des allumettes et se réserve d'adhérer à la Convention qui pourrait intervenir quand les Etats encore hésitants se joindront à elle.

M. *Gerster:* La Hongrie se place au même point de vue que l'Autriche; elle adhérerait à la Convention si tous les Etats intéressés en faisaient autant. Mais tel n'est pas le cas et elle regrette de ne pouvoir signer le projet. M. Gerster émet le vœu qu'avant peu une Convention aboutisse.

M. *Dubois* annonce que le Gouvernement belge a donné pour instruction à ses fondés de pouvoir de confirmer les déclarations faites par les Délégués de Belgique à la Conférence de 1905.

M. *Vedel* rappelle qu'une loi danoise de 1873 interdit l'emploi du phosphore blanc dans la fabrication des allumettes. Le Danemark est prêt à signer une Convention stipulant cette interdiction.

M. *Alméida y Herreros* dit ne pas posséder d'instructions.

M. *Fontaine* déclare que le Gouvernement français maintient l'adhésion donnée aux Bases élaborées par la Conférence de l'année dernière, mais il pense que si le nombre des Etats adhérents était par trop restreint, la conclusion d'une Convention n'aurait guère d'intérêt.

M. *Samuel* fait les déclarations suivantes:

„En Angleterre, les cas de nécrose sont très rares. Pendant une période de cinq ans, il ne s'est présenté que cinq cas, dont trois étaient légers et où les malades se sont très rapidement rétablis.

Quoique le mal ait été ainsi réduit à des proportions minimes s'il n'a pas été entièrement déraciné, le Gouvernement britannique ne voudrait pas s'opposer à une interdiction universelle, si l'on peut arriver à une unanimité parmi les Etats qui se trouvent en concurrence dans cette industrie. Nous serions bien fâchés si notre abstention avait pour résultat de décourager les autres Etats de s'entendre sur l'interdiction qu'ils auraient autrement adoptée au grand profit, peut-être, de leurs sujets. Si l'on peut nous assurer que les allumettes faites avec le phosphore blanc à l'étranger ne nous feront plus concurrence, ni sur nos marchés ni sur les marchés neutres, nous sommes prêts, de notre côté, à interdire la fabrication en Angleterre des allumettes contenant du phosphore blanc, afin de supprimer leur concurrence avec les produits des pays qui ont interdit l'emploi de cette substance.

A la Conférence de l'année passée, les Délégués britanniques ont adopté une attitude négative à ce sujet, tandis que la majorité des autres pays représentés se sont déclarés disposés à conclure une Convention si toutes les Puissances représentées à la Conférence, ainsi que le Japon, donnaient leur adhésion. D'après les réponses qui ont été reçues à cet égard, il nous paraît que l'unanimité si nécessaire est loin de se réaliser. Néanmoins, comme une déclaration définitive peut être de quelque utilité à ceux qui préconisent cette réforme dans les différents pays, je suis autorisé à vous dire que si dans l'avenir la Suède, la Norvège et les autres Etats représentés à cette Conférence, ainsi que le Japon, pouvaient être amenés à interdire par des mesures législatives l'emploi du phosphore blanc dans l'industrie des allumettes, l'Angleterre serait prête à signer une Convention dans ce sens. Quoiqu'en vérité le problème, en ce qui concerne les classes ouvrières anglaises, soit d'une importance minime, l'Angleterre, dans l'intérêt de la solidarité internationale, se range aujourd'hui du côté des Etats qui ont fait la majorité à la Conférence de l'année passée et se rallie à leurs vues."

M. *Regout* dit que le Gouvernement néerlandais a appris avec regret le refus du Japon de donner son adhésion à une Convention concernant l'interdiction de l'emploi du phosphore blanc, mais il espère que cela ne fera pas échouer une entente. Le Gouvernement néerlandais est de ceux qui signeront une Convention, même s'il n'y a qu'un nombre restreint d'Etats qui y adhèrent.

Son Exc. M. *d'Oliveira* n'est pas autorisé à signer la Convention. Cette question a toutes les sympathies du Gouvernement portugais, mais celui-ci se trouve lié par un contrat donnant pour trente ans le monopole de la fabrication des allumettes à une entreprise privée. Ce contrat, qui date de 1895, impose d'ailleurs à la compagnie concessionnaire l'adoption des mesures les plus strictes concernant la sauvegarde de la santé des ouvriers et notamment de toutes les prescriptions qui, dans la Conférence de l'année dernière, ont été indiquées par les Délégations des divers Etats comme étant les plus propres à prévenir ou à combattre les effets de la nécrose.

M. *Neuman* donne, au nom du Gouvernement luxembourgeois, la même adhésion sans réserve que les Pays-Bas.

M. *Montemartini* est en mesure de confirmer les déclarations faites en 1905; l'Italie est prête à signer une Convention à laquelle adhéreront dix Etats.

M. *de Lagerheim* rappelle que pour les raisons dont le Gouvernement suédois a fait part au Conseil fédéral, la Suède ne saurait pour le moment adhérer à la Convention. Toutefois, la Suède se trouvant dans une position très analogue à celle de la Grande-Bretagne, particulièrement au point de vue du nombre extrêmement réduit des cas de nécrose, il est convaincu que son

Gouvernement sera prêt à examiner à nouveau la question, si un certain nombre d'Etats procèdent à la signature définitive d'une Convention interdisant l'emploi du phosphore blanc pour la fabrication des allumettes. En présence d'une unanimité à cet égard de la part des Etats représentés à la Conférence et du Japon, il est clair que la Suède n'hésiterait pas à prêter son concours.

M. *Scherrer:* La Suisse est prête à adhérer à la Convention. La Délégation suisse souscrit à l'opinion de la Délégation des Pays-Bas qui s'est prononcée en faveur d'une Convention conclue, le cas échéant, entre un nombre restreint d'Etats.

M. *Caspar* estime aussi que la conclusion qui se dégage du débat est qu'il est opportun de poursuivre l'adoption d'une Convention entre quelques Etats. Il énumère les Puissances disposées à entrer dans cette voie: l'Allemagne, le Danemark, les Pays-Bas, le Luxembourg, la Suisse et l'Italie. Il serait dans l'intérêt de l'œuvre à accomplir que la Conférence, même réduite à quelques Etats, pût s'entendre sur la question de la prohibition du phosphore. Au point de vue moral, ce résultat, quoique restreint, constituerait un grand progrès.

M. *Fontaine:* Le projet de 1905 porte que l'adhésion de tous les Etats participants, plus le Japon, est nécessaire. Les adhésions qui pourraient se produire seront de deux espèces: celles qui réservent l'adhésion d'autres Etats et celles qui sont données sans cette réserve. Il s'agit avant tout de savoir quel est le nombre de ces dernières.

M. *Caspar:* Il résulte des déclarations de la France, de la Grande-Bretagne et de la Suède que ces Etats ne pourraient pas signer une Convention limitée à quelques Puissances. Il est sans utilité aucune de subordonner l'adhésion à la Convention à l'accession du Japon. Si la Convention n'est signée que de quelques-uns des Etats représentés à la Conférence, il faudra supprimer l'article 3.

Son Exc. M. *Révoil* demande si les articles 3 et 4 des Bases de 1905 (v. p. 21) seraient supprimées, ce à quoi M. *Caspar* répond affirmativement.

M. *Fontaine* pense que la Délégation française sera autorisée à signer la Convention restreinte, mais elle désirerait savoir quelles sont les Délégations qui seront dans le même cas.

M. *Caspar* constate avec satisfaction que la France est disposée à signer la Convention avec quelques Etats seulement. Il proposera, le moment venu, de biffer les articles 3 et 4 du projet. Il convient de nommer une Commission de rédaction.

Son Exc. M. *Révoil* propose que le Président interroge les différentes Délégations sur la question de savoir, d'une part, si elles sont disposées à signer une Convention conforme aux Bases de 1905, d'autre part, si elles seraient en mesure de signer une Convention qui ne contiendrait que les articles 1 et 2 de ces Bases.

Son Exc. M. *de Bülow* demande le renvoi de la votation au lendemain.

Ce renvoi est décidé.

Le *Président* déclare qu'il est entendu que les débats sont secrets, mais il demande à être autorisé à faire des communications succinctes à la presse.

La Commission est d'accord.

Après un échange de vues, il est décidé de se réunir en Commission, le 18 septembre, à 10½ heures, pour continuer la discussion sur la prohibition de l'emploi du phosphore.

La séance est levée à 5 heures.

*Le Président:*

EMILE FREY.

Pour le Secrétariat,

*Les Secrétaires:*

OTTO RIESER.

PAUL DINICHERT.

## DEUXIÈME SÉANCE DE COMMISSION.

18 septembre 1906.

Présidence de M. Adrien *Lachenal*, Vice-Président.

La séance est ouverte à $10^3/_4$ heures. La discussion sur la *Question du phosphore* est reprise.

Son Exc. M. *Révoil* propose d'émettre d'abord un vote sur les seuls articles 1 et 2 des Bases de 1905 (v. p. 20), puis un deuxième vote sur l'ensemble des quatre articles de ces Bases.

M. *Dubois* précise, à son tour, la modalité du vote qui va avoir lieu, en faisant observer que, quelle que soit leur réponse à la première question, les Délégués pourront voter comme ils l'entendront sur le second objet.

M. *Caspar* prie M. le Président de faire voter d'abord uniquement sur les articles 1 et 2 des Bases de Convention, afin que les Délégations puissent se rendre un compte exact de leur vote.

M. *Müller* attire l'attention de la Commission sur la situation, compliquée pour l'Autriche, qui résultera de la double votation projetée. Le Gouvernement d'Autriche est d'accord avec les autres pays quant au fond, mais il ne pourra accepter les Bases sans les articles 3 et 4.

Son Exc. M. *Révoil* répond que les deux votes successifs permettent à chaque Délégation de bien marquer son attitude.

M. *Caspar* partage la manière de voir de M. l'Ambassadeur de France. La seconde votation comprendra l'ensemble des Bases adoptées il y a un an. Si six ou sept pays adoptent uniquement les articles 1 et 2, d'autres pays pourront y adhérer ensuite en formulant les réserves et conditions auxquelles ils entendent subordonner cette adhésion; celle-ci, quant à ce second groupe de pays, ne serait que conditionnelle.

Le *Président* donne lecture des articles 1 et 2 des Bases de 1905 et demande successivement aux Délégations si elles accepteraient une Convention établie sur ces deux articles:

ARTICLE PREMIER.

A partir du 1er janvier 1911, il sera interdit de fabriquer, d'introduire ou de mettre en vente des allumettes contenant du phosphore blanc (jaune).

ARTICLE 2.

Les actes de ratification devront être déposés au plus tard le 31 décembre 1907.

Répondent affirmativement *six Délégations :* Allemagne, France, Italie, Luxembourg, Pays-Bas et Suisse.

Répondent négativement *six Délégations:* Autriche, Hongrie, Belgique, Grande-Bretagne, Portugal et Suède.

*Deux Délégations,* le Danemark et l'Espagne, s'abstiennent.

Son Exc. M. *de Bülow* propose que les six Délégations acceptantes se réunissent en une Commission spéciale.

Son Exc. M. *Révoil* voudrait attendre le résultat de la deuxième votation pour prendre une décision à ce sujet.

Son Exc. M. *de Bülow* est d'accord.

M. *Samuel* désirerait savoir si l'on va voter sur le texte même des Bases de 1905 ou sur leur principe seulement. L'article 2 des Bases, notamment, fixe la date du 31 décembre 1907 pour le dépôt des ratifications. Or une Convention interdisant l'emploi du phosphore blanc dans l'industrie des allumettes et l'introduction des allumettes dans le pays demanderait, en Angleterre, l'intervention des pouvoirs législatifs; un pareil objet ne pourrait être réglé par la voie administrative.

Il ne serait pas conforme aux principes de la Constitution britannique de ratifier une Convention dans ces circonstances, sans avoir obtenu d'avance la sanction parlementaire. „Quelle sera alors, ajoute M. *Samuel*, la position du Gouvernement si nous signons maintenant la Convention dans sa forme actuelle? D'un côté, nous serons obligés de la ratifier à la fin de l'année prochaine; de l'autre côté, nous ne pourrons pas présenter un projet de loi au Parlement parce que, comme c'est probable, le Japon et la Norvège, et peut-être la Suède, n'auront pas notifié leur adhésion à cette date. Nous ne prenons jamais en Angleterre de mesures conditionnelles ou suspensives.

Aussi me paraît-il nécessaire que non seulement la date de la mise en vigueur de la Convention, mais encore la date de sa ratification soient fixées à une époque postérieure à la notification de l'adhésion des Etats à l'accession desquels on entend subordonner l'entrée en vigueur de la Convention.

Si, néanmoins, la Conférence juge utile d'aller de l'avant, d'adopter une Convention pour ainsi dire suspendue en l'air, comme elle le sera pendant des années peut-être, je soumettrai volontiers à mon Gouvernement la question de notre adhésion. Le Gouvernement britannique n'a pas prévu que le Japon, la Norvège et la Suède ayant signifié leur refus, et le Gouvernement suisse n'ayant pas communiqué de projet de Convention sur cette matière, la Convention de l'année dernière sur le phosphore blanc devait être considérée comme ayant conservé quelque validité. Dans ces conditions, je ne me trouve pas en mesure de donner une réponse définitive sur la question de cette Convention, même si elle était modifiée quant aux dates."

Son Exc. M. le Baron *Heidler* déclare que le Gouvernement d'Autriche et le Gouvernement de Hongrie ne pourraient pas s'associer à une Convention relative à l'interdiction du phosphore blanc, comprenant seulement les articles 1 et 2, sans les articles 3 et 4, et conclue par un nombre restreint de Puissances.

Ils s'en tiennent à leur engagement, revêtu des signatures de leurs Délégués de 1905, de ne signer qu'un traité comprenant les quatre articles.

Reste à savoir si l'on jugera convenable de donner la forme d'un traité à un engagement lié à une condition, après avoir été informé que cette condition ne s'accomplirait pas.

M. *Dubois* désire motiver l'abstention qui s'impose à la Délégation belge dans le vote qui va être émis. D'après les résolutions adoptées par la Conférence de 1905, l'interdiction du phosphore blanc était subordonnée à „l'acceptation de tous les Etats représentés à la Conférence et du Japon". Depuis lors, la Norvège et le Japon ont manifesté leur refus de signer une Convention en cette matière. Aussi, dans la circulaire du 14 juin 1906, le Gouvernement fédéral n'a-t-il prévu que la signature d'un arrangement à conclure entre un certain nombre des Etats intéressés. Dans ces conditions, le Gouvernement belge, confirmant la manière de voir exprimée par ses Délégués à la Conférence de 1905, ne pouvait songer à autoriser ses fondés de pouvoir d'aujourd'hui à signer une Convention dont l'effet serait éventuel, c'est-à-dire subordonné à des adhésions absolument incertaines. D'ailleurs, la Délégation belge partage le sentiment exprimé par l'honorable représentant de la Grande-Bretagne quand il a dit que semblable Convention ne pourrait guère être soumise à un vote parlementaire; le texte d'une Convention arrêtée par une Conférence diplomatique doit être définitif et absolu, puisqu'il est destiné à constituer l'expression de la future loi internationale. Enfin, en supposant un instant que les quatre articles formant les résolutions de 1905 soient transformés en loi internationale, les exploitants de fabriques d'allumettes établies dans les pays dont la législation nationale ne prohibe pas le phosphore blanc, seraient soumis à une incertitude rendant leur situation industrielle absolument intenable.

Il est procédé à la votation sur l'acceptation éventuelle d'une Convention conforme aux quatre articles des Bases de 1905.

Le *Président* constate que le résultat du vote a été le suivant:

*Deux Délégations:* l'Autriche et la Hongrie, ont voté oui, sous réserve des déclarations ci-dessus;

*Sept Délégations:* la Belgique, le Danemark, l'Espagne, la France, la Grande-Bretagne, l'Italie et la Suède se sont abstenues;

*Cinq Délégations:* l'Allemagne, le Luxembourg, les Pays-Bas, le Portugal et la Suisse ont voté non.

Son Exc. M. *Révoil* se rallie maintenant à la proposition de Son Exc. M. de Bülow de constituer une Commission spéciale formée des Délégations ayant voté affirmativement dans la première votation.

Le *Président* conclut en déclarant que cette Commission restreinte siégera séparément de la Commission en plenum qui, elle, n'aura plus à discuter, pour le moment, que la question du travail de nuit des femmes.

A ce moment, la discussion est renvoyée à une réunion de l'après-midi, à $3^1/_2$ heures, et la séance levée à $11^1/_2$ heures.

*Le Vice-Président:*
ADRIEN LACHENAL.

Pour le Secrétariat,
*Les Secrétaires:*
Otto Rieser,
Paul Dinichert.

---

## TROISIÈME SÉANCE DE COMMISSION.

18 septembre 1906.

Présidence de M. Adrien *Lachenal*, Vice-Président.

La séance est ouverte à 4 heures.

Le *Président* ouvre la discussion générale au sujet de l'entrée en matière sur le projet de Convention internationale sur l'interdiction du travail de nuit des femmes employées dans l'industrie.

La parole n'étant pas demandée, on passe à la discussion par articles.

L'Article premier est ainsi conçu:

Le travail industriel de nuit sera interdit à toutes les femmes, sans distinction d'âge, sous réserve des exceptions ci-après:

La présente Convention s'applique à toutes les entreprises industrielles où sont employés plus de dix ouvriers et ouvrières; elle ne s'applique en aucun cas aux entreprises où ne sont employés que les membres de la famille.

A chacun des Etats contractants incombe le soin de définir ce qu'il faut entendre par entreprises industrielles. Parmi celles-ci seront en tout cas comprises les mines et carrières, ainsi que les industries de fabrication et de transformation des matières; la législation nationale précisera sur ce dernier point la limite entre l'industrie, d'une part, l'agriculture et le commerce, de l'autre.

M. *de Lagerheim* demande ce qu'il faut entendre par „les membres de la famille".

M. *Caspar* fait observer que le terme „*Familienglieder*" (membres de la famille) est employé dans la législation allemande sans commentaire spécial et comprend tous ceux qui appartiennent à la famille. D'ailleurs, la portée générale de cette question n'est pas très considérable. Tout au plus peut-on se demander si l'expression „en aucun cas" doit être maintenue, ou si l'exemption s'applique seulement dans les limites de la première phrase de l'alinéa (entreprises où sont employés plus de *dix* ouvriers ou ouvrières); peut-être vaudrait-il mieux supprimer les mots „en aucun cas". Quoi qu'il en soit, il s'agit là de petites exploitations peu nombreuses.

M. *Kaufmann*: Le terme „membres de la famille" peut, en effet, provoquer des malentendus en ce sens qu'on se demandera s'il s'agit de la famille de l'ouvrier ou de celle de l'entrepreneur ou chef d'entreprise; c'est cette dernière famille qui doit être visée.

M. *Müller* estime que la Commission devrait s'en tenir au texte adopté il y a un an; la Conférence technique a voulu établir une exception en faveur de l'industrie à domicile. En tout cas, l'expression „entreprises", employée dans la seconde phrase et consignée déjà dans la première (entreprises industrielles), ne saurait viser que la famille de l'entrepreneur.

M. *Fontaine* explique que la législation française considère comme atelier de famille celui où ne travaillent que les membres de la famille, peu importe leur nombre, sous l'autorité de leur père, de leur mère ou de leur tuteur. Il ne peut, d'ailleurs, y avoir de doute qu'il s'agit des enfants ou pupilles du chef d'entreprise.

M. *de Lagerheim* se déclare satisfait des explications données.

M. *Caspar* propose de rétablir le texte adopté il y a un an et ainsi conçu: „exceptions prévues ci-après". Le double point serait supprimé, car les exceptions mentionnées ne sont pas énumérées immédiatement, mais seulement dans le troisième alinéa.

La Commission se rallie à cette manière de voir.

M. *Kaufmann:* La Conférence de 1905 a délibéré en deux langues et a adopté les textes en deux langues; or, le texte allemand renferme les mots: „*unter allen Umständen*" qui, omis d'abord dans le texte français, y ont été replacés.

Le *Président* constate que les mots „en tous cas" sont maintenus.

M. *Vedel* déclare ce qui suit: „Le Gouvernement de Danemark m'a donné pour instruction de faire une réserve quant au point suivant: Selon l'avis de mon Gouvernement, il faut faire une distinction entre les fabriques et les ateliers, car il n'est pas à désirer que les mêmes règles, adoptées par la Conférence quant aux fabriques proprement dites, soient en tous cas aussi applicables aux ateliers où l'on emploie plus de dix ouvriers et ouvrières. Selon la loi du 11 avril 1901, on ne fait pas de distinction entre les fabriques et les ateliers sur la base du nombre des ouvriers employés dans l'exploitation. Le Gouvernement désirerait ne pas être lié à des dispositions définitives et voudrait être à même de faire la distinction concrète dans chaque cas, eu égard aux circonstances spéciales, déterminées par la nature de l'exploitation, surtout quant à l'emploi prépondérant de machines ou non. Si les mots suivants de l'alinéa 3 de l'art. 1er: „A chacun des Etats contractants incombe le soin de définir ce qu'il faut entendre par entreprises industrielles" ne permettent pas au Danemark de faire ladite distinction, je devrai faire une réserve sur ce point au moment de signer la Convention".

M. *Fontaine* rappelle que la Conférence de 1905 a admis comme criterium le chiffre de dix ouvriers, sans tenir compte de l'outillage. La proposition du Délégué danois n'est donc pas conforme aux décisions arrêtées l'an dernier.

M. *Müller:* M. le Délégué de Danemark a compris le terme „fabrication" au sens technique. Le texte allemand porte „Bearbeitung" (fabrication) et „Verarbeitung" (transformation). Il y a lieu de se demander si les termes „Bearbeitung" et „fabrication" se couvrent réellement.

M. *Samuel* dit qu'il est préférable que le Plénipotentiaire danois fasse, en signant, la réserve en question plutôt que de modifier le texte du projet.

M. *Vedel* est également de cet avis.

M. *Fontaine* croit que chacun des termes français „fabrication" et „transformation" ne correspond pas à chacun des termes allemands de „Bearbeitung" et „Verarbeitung", mais la somme des deux termes est la même dans l'une et l'autre langue. Il est convenu que les entreprises commerciales ne sont pas visées; il ne pourrait y avoir un doute qu'en ce qui concerne les entreprises de manutention.

M. *Samuel* estime que les blanchisseries ne sont pas comprises dans la définition.

M. *Caspar:* La législation allemande s'applique aussi aux exploitations telles que les chantiers où l'on travaille le bois, les blanchisseries, etc. Mais il n'y a pas non plus de doute que ces exploitations sont visées par la Convention projetée, puisque l'alinéa 1er établit le principe en s'exprimant en ces termes: „*toutes* les entreprises industrielles".

Le *Président* constate que l'article 1er est adopté et donne acte au Délégué de Danemark de sa réserve.

L'Article 2 est ainsi conçu:

Le repos de nuit visé à l'article précédent aura une durée minimum de onze heures consécutives; dans ces onze heures, quelle que soit la législation de chaque Etat, devra être compris l'intervalle de dix heures du soir à cinq heures du matin.

Toutefois, dans les Etats où le travail de nuit des femmes adultes employées dans l'industrie n'est pas actuellement réglementé, la durée du repos ininterrompu pourra, à titre transitoire et pour une période de trois ans au plus, être limitée à dix heures.

L'article 2 est adopté sans discussion.

L'Article 3 est ainsi conçu:

L'interdiction du travail de nuit pourra être levée:

1° en cas de force majeure, lorsque dans une entreprise se produit une interruption d'exploitation impossible à prévoir et n'ayant pas un caractère périodique;

2° dans le cas où le travail s'applique à des matières premières susceptibles d'altération très rapide, chaque fois que cela sera nécessaire pour sauver ces matières d'une perte inévitable.

La Délégation française propose de supprimer le mot „premières“.

M. *Fontaine* explique qu'en effet il ne s'agit pas toujours de matières premières proprement dites, mais souvent de matières ayant déjà subi un commencement de transformation. Il faut bien préciser que l'on n'a pas exclusivement en vue la matière telle qu'elle existe au début de la fabrication.

M. *Caspar* propose de renvoyer à la Commission de rédaction le texte à choisir pour désigner les matières en discussion.

La Délégation allemande a déjà cherché, quant à elle, une nouvelle rédaction conforme à la législation plus explicite de son pays; cette rédaction, qui a été remise au Bureau, consiste à remplacer les mots „matières premières“ par les mots „soit les matières premières, soit les matières mises en œuvre“.

M. *Regout* voudrait remplacer, au n° 2 de l'article 3, les mots „chaque fois“ par un autre terme tel que „lorsque“ ou „pour autant“, afin de bien indiquer qu'il n'est pas nécessaire, dans chaque cas, de demander une autorisation spéciale.

Le Gouvernement néerlandais désire que la Convention ne s'oppose pas à ce que la législation de chaque pays puisse lever d'une façon générale l'interdiction du travail de nuit pour certaines industries dont le travail s'applique à des matières premières susceptibles d'altération très rapide, comme, par exemple, pour l'industrie qui s'occupe de la préparation et de la conservation du poisson.

M. *Fontaine* dit qu'en France une disposition générale permet de traiter le poisson quatre-vingt-dix fois par an de nuit, sans qu'il soit nécessaire de solliciter une autorisation dans chaque cas particulier.

Son Ex. M. *d'Oliveira* appuie la proposition et les observations de M. Regout.

Le *Président* renvoie la question à la Commission de rédaction.

Il est donné lecture de l'ARTICLE 4, ainsi conçu:

> Dans les industries soumises à l'influence des saisons et en cas de circonstances exceptionnelles pour toute entreprise, la durée du repos ininterrompu de nuit pourra être réduite à dix heures, soixante jours par an.

M. *Samuel* dit que la Délégation britannique avait l'intention de proposer d'insérer après „l'influence des saisons" ces mots: „ou à des demandes de production inattendues et temporaires"; toutefois, si la Commission estimait que les cas que cette adjonction vise sont déjà compris dans les termes „les cas de circonstances exceptionnelles", la Délégation britannique est prête à renoncer à sa demande d'adjonction.

M. *Caspar* est d'avis que l'expression „circonstances exceptionnelles" comprend les cas qu'entend M. le Délégué de la Grande-Bretagne; de même la législation allemande comprend également les cas qui se produisent sans que le moment où ils surviennent soit déterminé, en d'autres termes, les cas imprévus; il est juste de tenir compte de l'effort extraordinaire que comporte un travail de ce genre.

M. *Kaufmann* déclare que la Délégation suisse se rallie à l'opinion de M. Caspar.

M. *Fontaine* interprète dans le même sens les mots „circonstances exceptionnelles".

M. *Samuel* se déclare satisfait et renonce à formuler une proposition.

L'article 4 est adopté.

Le *Président* donne lecture de l'ARTICLE 4[bis] des propositions anglaises, ainsi conçu:

A chacun des Etats contractants incombe le soin de prendre les mesures administratives qui seraient nécessaires pour assurer sur son territoire l'exécution précise des dispositions de la présente Convention.

Les Hautes Parties contractantes se communiqueront par la voie diplomatique les lois et règlements sur la matière de la présente Convention qui sont ou seront en vigueur dans le pays, ainsi que les rapports périodiques concernant leur application.

M. *Samuel* explique ainsi la portée de cette proposition:

„La présente Convention a pour but d'assurer aux pays qui pourront s'entendre pour interdire le travail de nuit des femmes la certitude qu'ils ne se trouveront pas dans une position désavantageuse vis-à-vis de leurs voisins au point de vue économique. Mais cette certitude ne se réalisera pas si, dans quelques Etats contractants, l'interdiction s'effectue par voie législative seulement et sans la mise en vigueur de mesures administratives. Maintes fois il est arrivé dans l'histoire de tous les pays que des lois conçues en termes assez libéraux sont restées partiellement, sinon entièrement, inefficaces. Je pourrais vous citer des cas où des lois votées par le Parlement britannique sont restées lettre morte parce que l'exécution en était confiée aux autorités locales, qui souvent ne se sont pas souciées de mettre les dispositions de la loi à exécution. La question du travail de nuit, je m'empresse de l'ajouter, ne rentre pas dans cette catégorie. Si, dans le cas actuel, de telles conséquences venaient à se produire dans l'un ou l'autre pays, nous manquerions le but que nous visons, et l'on trouverait que les Conventions internationales conclues pour régler les questions ouvrières ne servent qu'à donner lieu à des expressions de bienveillance qui ont peu de valeur effective.

L'année passée, la Conférence s'est unanimement prononcée en faveur d'un vœu tendant à ce qu'un système d'inspection soit établi dans chaque pays pour garantir l'accomplissement des obligations qu'on s'est engagé à respecter. Nous ne proposons pas à la Conférence que ce vœu trouve sa place dans la Convention même. Bien entendu, si les termes dans lesquels il est conçu conviennent à la Conférence, nous ne demandons pas mieux que de voir remplacer le premier alinéa de l'article que nous proposons maintenant. Mais comme il se peut qu'il aille au delà de ce que quelques pays sont prêts à accepter, nous proposons seulement que les Puissances contractantes s'engagent à ce que des mesures administratives de n'importe quel genre soient prises pour assurer l'accomplissement de leurs obligations.

Le second paragraphe contient une proposition très simple qui a pour but d'assurer que chacun des Etats contractants soit régulièrement renseigné sur les dispositions prises par les autres pour l'application de la Convention."

M. *Fontaine* appuie l'idée de la Délégation britannique, tout en constatant qu'il va de soi qu'aucun Gouvernement n'entend se soustraire aux obligations résultant pour lui de la Convention.

Son Exc. M. *de Bülow* s'exprime dans le même sens.

L'article 4bis est adopté.

L'Article 5 est relatif à l'applicabilité de la Convention aux provinces, colonies ou possessions d'outre-mer; le projet du Conseil fédéral se borne à indiquer la matière, mais ne contient aucune disposition formelle à cet égard.

Lecture est donnée d'une proposition anglaise destinée à donner à cet article la rédaction suivante:

> Les dispositions de la présente Convention ne seront applicables à aucune colonie, ni possession, ni protectorat que dans le cas où une notification à cet effet sera donnée de la part de telle colonie, possession, ou protectorat, par le représentant de l'Etat participant au Conseil fédéral suisse.

Le Gouvernement métropolitain aura de même le droit de faire cesser séparément, et à des intervalles de cinq ans à partir de la date de l'échange des ratifications, les effets de la présente Convention en donnant, douze mois d'avance, une notification à cet effet, de la part de toute colonie, possession, ou protectorat qui aurait donné son adhésion.

Il est entendu que les dispositions de cet article s'appliquent également à l'Ile de Chypre.

M. *Caspar* propose de renvoyer la discussion de l'alinéa 2 relatif à la dénonciation par les colonies jusqu'au débat qui s'engagera sur l'article 8 où il est question de la dénonciation de la Convention par les Etats; la Délégation d'Allemagne déposera alors un amendement proposant une validité plus longue de la Convention à conclure.

M. *Samuel* est d'accord.

Son Exc. le Baron *Heidler* annonce que les Délégations autrichienne et hongroise ont également déposé un amendement à l'article 8, qui sera ultérieurement discuté.

Les alinéas 1 et 3 sont adoptés.

Le *Président* donne lecture de l'article 5$^{bis}$ des propositions anglaises, ainsi que des propositions françaises y relatives. En voici la teneur:

ARTICLE 5$^{bis}$.

Les Hautes Parties contractantes conviennent de créer une Commission, chargée de surveiller l'exécution des dispositions de la présente Convention.

Cette Commission sera composée de Délégués des divers Etats contractants. Sa première réunion aura lieu à ; la Commission choisit son Président et le lieu de sa prochaine réunion.

Chacune des Hautes Parties contractantes pourra être représentée à la Commission par un Délégué ou par un Délégué et des Délégués-adjoints.

L'Autriche et la Hongrie seront considérées séparément comme Parties contractantes.

La Commission aura pour mission d'émettre un avis sur les questions litigieuses et les plaintes qui lui seront soumises.

Elle n'aura qu'une mission de constatation et d'examen. Elle fera sur toutes les questions et plaintes qui lui seront soumises, un rapport qui sera communiqué aux Etats intéressés.

En dernier ressort une question en litige sera, sur la demande d'une des Hautes Parties contractantes, soumise à l'arbitrage.

Dans le cas où les Hautes Parties contractantes seraient disposées à réunir des conférences au sujet de la condition des travailleurs, la Commission se chargera d'en discuter le programme et servira d'organe pour les échanges de vues préliminaires.

*Propositions de la Délégation française.*

Modifier comme suit l'article 5[bis] proposé par la Délégation de la Grande-Bretagne :

Alinéa 1. — Les Hautes Parties contractantes conviennent de créer une Commission qui sera chargée de donner son avis, à la demande d'un ou de plusieurs des Etats signataires, sur les questions que pourrait soulever l'interprétation ou l'exécution de la présente Convention.

Alinéa 2. — (Conforme.)

Alinéa 3. — (Conforme.)

Alinéa 4. — (Conforme.)

Alinéa 5. — (A supprimer.)

Alinéa 6. — Cette Commission n'aura qu'une mission de constatation et d'examen. Elle fera, sur les questions qui lui seront soumises, un rapport qui sera communiqué aux Etats intéressés.

Alinéa 7. — Toutefois, les questions d'interprétation et d'exécution qui auront été examinées par la Commission pourront être soumises à l'arbitrage. Les arbitres sont désignés par la Commission, d'une part, et, d'autre part, par le ou les Etats participants qui contestent l'avis de la Commission.

Alinéa 8. — (Conforme.)

M. *de Lagerheim* avait déposé un amendement à la proposition anglaise, ainsi conçu:

„1er alinéa de l'article 5bis. Le mot „surveiller" ne cadre pas avec les dispositions des alinéas 5 et 6. Il faudrait le remplacer par „suivre" ou bien „suivre avec attention".

Il le retire pour se rallier à la proposition française.

M. *Samuel* prononce le discours suivant:

„La proposition faite dans l'article que j'ai l'honneur de soumettre à la Conférence se divise en deux parties, la question de la création d'une Commission et de son champ d'activité, et la question d'arbitrage. Les deux questions sont nettement distinctes et il conviendra, je crois, de les discuter indépendamment l'une de l'autre.

Des allusions à l'arbitrage ne peuvent pas, bien naturellement, être entièrement éliminées des discussions sur la Commission, mais c'est de la question de la Commission que je voudrais, avec la permission de la Conférence, m'occuper en me limitant pour le moment à quelques mots seulement sur la question de l'arbitrage.

Le Gouvernement britannique désire vivement que l'entente à ce sujet soit bien réelle et efficace. Il est possible que la Convention soit signée, que des lois soient adoptées, mais il se peut aussi que, dans le domaine de l'application des textes légaux, il ne se réalise pas grand'chose. Le but d'une telle Convention, c'est-à-dire la suppression de la concurrence illicite, serait manqué. Ainsi il nous paraît nécessaire d'obtenir la certitude que les dispositions de la Convention seront strictement observées et de préciser la procédure réglant les questions qui en peuvent résulter.

Le Gouvernement de Sa Majesté britannique a examiné soigneusement de quels moyens on se servirait. Est-ce que des questions pareilles doivent donner lieu à une correspondance diplomatique qui serait peut-être longue et n'aboutirait probablement à aucun résultat? Est-ce que l'on doit avoir recours à l'arbitrage international pour régler un différend sur une question probablement de détail ? Est-ce qu'une Conférence de diplomates doit se réunir pour discuter des difficultés de peu d'importance par les mêmes moyens dont les Puissances se serviraient pour arriver à de nouveaux accords importants? Nous sommes d'avis qu'un moyen quelconque est nécessaire, mais qu'aucun de ceux-là n'est satisfaisant, et nous proposons dans l'article que nous avons l'honneur de vous soumettre que, pour atteindre le but désiré, une Commission soit formée qui serait permanente dans sa constitution, mais dont les réunions seraient intermittentes.

On se demandera quel sera le meilleur mode de procéder ? La Commission en décidera elle-même. Mais, à notre avis, la procédure, selon toute probabilité, serait à cet égard semblable à celle de la Commission des sucres dans des conditions pareilles. Elle demanderait des renseignements au Gouvernement dont la décision serait contestée. Elle examinerait les faits qui lui seraient soumis, ainsi que les lois, les rapports, etc., concernant le sujet. Nous ne prévoyons pas qu'elle se chargerait d'une enquête dans les territoires d'aucun Etat. Elle adopterait, sans doute, la procédure que suit la Commission des sucres dans l'examen des questions relatives aux primes, aux réductions des tarifs des chemins de fer et à d'autres problèmes complexes dont celle-ci a été saisie. C'est une procédure absolument pareille que nous désirons voir suivre par la Commission dans l'exécution de cette partie de ses attributions.

Nous avons aussi en vue deux autres domaines dans lesquels une telle Commission rendrait des services. La tendance à régler par voie internationale certaines questions du travail, tendance qui est une des causes auxquelles est due heureusement la réunion de cette Conférence, se développera probablement de plus en plus. Il est possible que, dans l'avenir, des questions comme celle du phosphore ou du plomb seront discutées. Puis le développement des inventions pourra rendre nécessaire la modification, sur des questions de détail, des accords intervenus. Dans ce cas, une Commission pourrait bien se rendre compte des changements nécessaires et soumettre aux Gouvernements les modifications désirées. Il y a aussi la question des enquêtes préalables et des communications nécessaires avant que de telles Conférences ultérieures puissent se réunir et les Conventions être élaborées. Je tiens à vous exprimer combien j'apprécie l'œuvre admirable de l'Association internationale pour la protection de la classe ouvrière. Cette Association — fondée en 1901 — a déjà, nous le savons bien, accompli un travail de grande valeur. Cette Convention sera probablement le résultat le plus important et le plus utile de ses efforts. Nous espérons qu'elle continuera son excellente œuvre en fournissant des renseignements et en donnant un grand encouragement à ces réformes.

Mais nous croyons que si le règlement du travail doit avoir une grande importance dans l'action unie des Puissances européennes, il faut réserver aux Gouvernements et à leurs représentants officiels le choix final des questions propres à être réglées par voie internationale, ainsi que la communication des renseignements officiels préalables qui pourraient être nécessaires. La Commission, et peut-être les comités qu'elle nommerait, trouverait ainsi une tâche indispensable à remplir.

L'article que nous vous soumettons se rapproche de l'article de la Convention des sucres qui constitue la Commission dont j'ai parlé. C'est à cause de cela que la mention concernant la représentation de l'Autriche et de la Hongrie fait partie de la proposition. Elle a été empruntée à la Convention des sucres, mais j'ai à peine besoin d'ajouter que si les représentants de ces Etats désirent une modification quelconque dans cet alinéa, nous reconnaissons parfaitement que c'est à eux seuls qu'il appartient de régler cette question.

Je voudrais tout spécialement attirer l'attention de la Conférence sur le fait que, par dérogation à la Convention des sucres, il n'est pas proposé de confier à la Commission des attributions qui soient des „pouvoirs souverains", si l'on me permet de me servir de cette expression. Ses attributions doivent consister à faire des enquêtes et à formuler les observations que celles-ci comportent. Aucun Parlement, aucun Gouvernement ne serait forcé de suivre ses conseils, et en cas de désaccords continus, nous proposons que l'on ait recours à des représentations par voie diplomatique et, si besoin est, on devra recourir à l'arbitrage.

Nous n'avons aucun désir d'établir sous le nom d'une Commission un rouage qui puisse avoir la moindre ressemblance avec un tribunal, et, en effet, nous nous opposerions à une telle proposition. Si, dans l'opinion de la Conférence, notre intention n'a pas été exprimée d'une manière suffisamment claire, je dois vous dire que nous ne sommes nullement liés aux termes précis du texte de l'article que nous venons de proposer; dans le but d'obtenir l'unanimité, et animés de l'esprit de conciliation dont je suis certain que tous les Délégués s'inspirent, nous accepterons bien volontiers des amendements pour mieux assurer notre but.

Enfin, je désire vous faire savoir très clairement que nous ne proposons nullement la formation d'un Bureau permanent avec tout son mécanisme dispendieux.

La Commission se réunirait peut-être à de longs intervalles, dans des endroits qui seraient déterminés par elle-même, mais dont le premier serait fixé par cette Conférence. Elle nommerait son secrétariat à chaque réunion, comme l'a fait la présente Conférence. Les divers Gouvernements eux-mêmes se chargeraient de la distribution des rapports et des pièces aux différents Etats, tandis que la Commission s'occuperait de toute autre matière qui se présenterait.

En ce qui concerne l'arbitrage, il nous paraît très désirable d'affirmer le principe que, dans tous les cas convenables, les différends internationaux en des matières qui ne touchent pas à la notion de la souveraineté, doivent être réglés par un tribunal indépendant. Plus la sphère de l'arbitrage est étendue, et plus diminuera la possibilité des malentendus internationaux. Les cas où des Conventions de cette nature pourront soulever des désaccords assez importants pour qu'ils soient soumis à l'arbitrage, seront peu nombreux. Néanmoins nous espérons que la Conférence approuvera ce principe dans l'article proposé.

J'espère que cette explication suffira pour que la Conférence veuille envisager cette proposition avec bienveillance."

Le *Président* est d'avis, avec M. Samuel, qu'il y a lieu de discuter séparément la question de la Commission internationale et celle de l'arbitrage.

Son Exc. M. *de Bülow* déclare que son Gouvernement considère l'institution d'une pareille Commission comme inacceptable, car elle risquerait de contrecarrer les décisions législatives et les mesures administratives des différents Etats et de faire du tort ou de porter préjudice à leur souveraineté. Cette Commission, bien qu'il ait été expressément dit qu'elle ne constituerait pas un tribunal et qu'elle devrait seulement examiner et constater, sera, dans certains cas, appelée à procéder à des enquêtes et par cela même s'immiscera dans un domaine qui relève de l'autonomie de chaque Etat. La Conférence de 1905 a refusé de consacrer cette institution; si elle venait à prendre corps, il est à craindre que plus d'un Etat hésiterait à adhérer à la Convention même. Mieux vaut de beaucoup procéder par la voie diplomatique.

Son Exc. M. le Baron *Heidler*, au nom des Gouvernements d'Autriche et de Hongrie, se prononce dans le même sens. Il considère également l'institution d'une pareille Commission comme inadmissible.

Son Exc. M. *Michotte de Welle* déclare que le Gouvernement belge, pour les considérations qui ont été développées par les représentants de l'Allemagne, de l'Autriche et de la Hongrie, ne saurait se rallier à la proposition de la Délégation britannique.

M. *Vedel* ne croit pas obtenir l'assentiment de son Gouvernement à la proposition anglaise.

Son Exc. M. *Révoil* estime que le principe qui est à la base de la proposition britannique ne comporte pas les inconvénients qu'on semble redouter. M. Samuel a répondu par avance à l'argument tiré de l'immixtion de cette Commission dans la réglementation des questions d'ordre intérieur. On ne peut pas ignorer le précédent qu'à créé la Convention des sucres.

L'amendement que la Délégation française a présenté à la proposition britannique a pour but de préciser les garanties que devra offrir la Commission. Ainsi comprise, celle-ci ne présentera aucun des périls qui viennent d'être signalés : elle se composerait de représentants de tous les Etats, elle ne fonctionnerait qu'à la demande d'un ou de plusieurs des Etats signataires, enfin, elle se bornerait à donner des avis.

Il ne faudrait pas écarter a priori une proposition qui n'a nullement pour but de provoquer une immixtion dans les domaines législatif et administratif des Etats. L'action de la Commission conférerait un caractère de vitalité et de permanence aux décisions de la Conférence.

M. l'Ambassadeur de France appelle à nouveau l'attention de la Conférence sur l'utilité de l'institution à créer et demande que la proposition soit prise en considération.

M. *Montemartini* ne croit pas que la Commission aurait tous les inconvénients qui ont été signalés et rappelle que d'autres organes internationaux fonctionnent sans porter atteinte à l'autonomie des Etats.

M. *Neuman* se rallie entièrement aux considérations développées par M. l'Ambassadeur de France. Il ajoute qu'il a pour instruction d'appuyer toute proposition tendant à développer l'arbitrage international.

M. *Kaufmann* déclare que la Délégation suisse est chargée d'appuyer les propositions de la Délégation britannique; elle le fait d'autant plus volontiers qu'il y a un an, elle a soumis à la Conférence des propositions relatives à l'arbitrage, propositions qui ont été écartées alors parce qu'elles ne figuraient pas sur le programme du Conseil fédéral. La Délégation suisse se rallie aux vues exposées par M. l'Ambassadeur de France. Les explications fournies par M. le Délégué de la Grande-Bretagne paraissent, du reste, propres à dissiper les appréhensions qui ont été formulées; les tendances qui y sont développées ont toute la sympathie de la Délégation suisse.

M. le Comte *de Rechteren* préfère, en présence des différentes déclarations qui viennent d'être faites, ne pas se prononcer pour le moment.

M. *de Lagerheim* déclare qu'il a pour instruction expresse d'appuyer, en substance, la proposition anglaise. Les appréhensions qui ont été manifestées lui paraissent exagérées, surtout après les explications de M. Samuel. Il est à prévoir que le champ d'activité d'une telle Commission pourra encore être élargi à mesure que les questions touchant la protection ouvrière deviendront l'objet d'arrangements internationaux ultérieurs. Il semble désirable que le principe soit posé dès à présent. Il appuie chaleureusement les propositions de la Grande-Bretagne, en se ralliant aux amendements de la Délégation française.

M. *Fontaine* signale le rôle qu'au point de vue technique, cette Commission serait appelée à jouer. Dans certains cas, la conversation à deux n'apporte aucune solution, car, à supposer qu'ils tombent d'accord sur l'interprétation à donner à la Convention, une interprétation différente peut être adoptée dans un échange de vues entre deux autres Etats. Or il est inadmissible que la portée de l'Acte international puisse varier d'Etat à Etat; il faut un avis interprétatif de toutes les Puissances contractantes. Il n'est dans la pensée de personne de porter atteinte à la souveraineté d'aucun Etat, mais il convient d'examiner pratiquement comment se feront les échanges de vues.

En second lieu, les pays représentés ici jouissent de conditions climatériques à peu près semblables, avec des populations voisines physiquement et moralement; ils ont tous avantage à faire adhérer à la Convention certains pays dont le climat est tout autre, tels que les pays semi-tropicaux qui ont des populations industrielles. A leur égard, le rôle de la Commission serait de prévoir les exceptions que rendent indispensables les conditions climatériques et, d'une manière générale, de s'assurer qu'une protection équivalente est accordée aux ouvrières. Enfin, le principal, pour ne pas dire le seul avantage que nous puissions offrir aux Etats qui adhéreront dans la suite à la Convention, c'est la garantie que la Convention recevra une interprétation et une application uniformes dans tous les Etats participants; or il ne paraît pas y avoir d'autre moyen de leur donner cette garantie que la Commission où ils auront voix délibérative au même titre que les autres Etats.

Le *Président* propose de suspendre ici le débat, ce que la Commission décide.

Le *Président* invite les Délégations à désigner ceux de leurs membres qui feront partie de la Commission de rédaction.

Sont désignés:

Pour l'Allemagne, M. Caspar; pour l'Autriche, M. Müller; pour la Hongrie, M. Gerster; pour la Belgique, M. Dubois; pour le Danemark, M. Vedel; pour l'Espagne, M. Alméida; pour la France, M. Fontaine; pour la Grande-Bretagne, MM. Samuel et Delevingne; pour l'Italie, M. Montemartini; pour le Luxembourg, M. Neuman; pour les Pays-Bas, M. Regout; pour le Portugal Son Exc. M. d'Oliveira; pour la Suède, M. de Lagerheim; pour la Suisse, M. Kaufmann.

La prochaine séance aura lieu le 19 septembre, à 5 heures.

La séance est levée à 6 heures.

*Le Vice-Président:*
ADRIEN LACHENAL.

Pour le Secrétariat,
*Les Secrétaires:*
OTTO RIESER,
PAUL DINICHERT.

# QUATRIÈME SÉANCE DE COMMISSION.

19 septembre 1906.

Présidence de M. Emile *Frey*, Président.

La séance est ouverte à $5^1/_4$ heures.

Le *Président* rouvre la discussion sur l'ARTICLE 5^bis^ des propositions anglaises.

Sur la proposition de M. *Samuel*, cette discussion est renvoyée à la prochaine séance.

Le *Président* met alors en discussion le texte d'un ARTICLE 5^ter^ proposé par la Délégation française et ainsi conçu:

> Dans les Etats hors d'Europe, ainsi que dans les possessions, colonies ou protectorats, où le climat et la condition des populations indigènes l'exigeront, la durée du repos ininterrompu de nuit pourra, avec l'assentiment de la Commission prévue par l'article 5^bis^, être inférieure aux minima fixés par la Convention, à la condition que des repos compensateurs soient accordés pendant le jour.

Son Exc. M. *Révoil* demande que les mots „avec l'assentiment de la Commission prévue par l'article 5^bis^" soient réservés jusqu'après la discussion de l'article 5^bis^ et que seul le reste de l'article 5^ter^ soit discuté pour le moment.

La Commission est d'accord.

M. *Fontaine* expose que la Convention ne peut être appliquée dans les colonies que moyennant certaines précautions qui tiennent compte des conditions climatériques ou d'autres circonstances particulières. Il peut y avoir aussi des colonies ou parties de colonies dans lesquelles la surveillance des entreprises industrielles ne pourrait s'effectuer d'une manière efficace, sans, toutefois, que cela ait de l'importance au point de vue international.

Tel est le cas notamment pour certaines parties de l'Algérie. Il ne serait guère possible, d'ailleurs, d'insérer dans la Convention un article assez souple pour prévoir tous les cas pouvant se produire. Ces mêmes questions, enfin, peuvent se présenter pour certaines métropoles.

Son Exc. M. *de Bülow* déclare que le Gouvernement Impérial accepte la proposition française, les mots „avec l'assentiment de la Commission prévue par l'article 5bis" étant réservés.

M. *Fontaine* dit que, dans la pensée de la Délégation française, la disposition de l'article 1er stipulant qu'à chacun des Etats contractants incombe le soin de définir ce qu'il faut entendre par entreprises industrielles, permettra à chaque Etat de décider ce qui, dans ses colonies, possessions et protectorats, devra être considéré comme travail industriel ou non. Si la Conférence n'était pas de cet avis, la Délégation française proposerait l'adjonction à l'article 5ter d'une phrase ainsi conçue: „Le travail indigène dont la surveillance serait impossible pourra être excepté de la Convention."

Son Exc. M. le baron *Heidler* déclare se rallier à la proposition de la Délégation française.

Son Exc. M. *Révoil* pense que chaque Etat pourrait indiquer, au moment de la demande d'accession d'une de ses colonies, le travail qu'il n'est pas possible d'y surveiller; les autres Etats intéressés examineraient si les réserves formulées sont de nature à faire repousser l'accession. Il propose de ne rien ajouter au texte de l'article 5ter, dans la supposition que chaque Etat aura la faculté d'indiquer les parties de colonies à excepter du domaine d'application de la Convention et ce qui devra y être considéré comme entreprises industrielles.

Ainsi chaque Etat indiquerait la part de travail indigène qu'il estime devoir être soustraite à l'application de la Convention et les autres accepteraient ou repousseraient la demande d'adhésion ; ce serait une question d'espèce. Il serait dangereux d'insérer une définition dans la Convention, car de cette définition on pourrait faire découler un droit dont la consécration serait susceptible de prêter à des abus. Tout Etat a le droit de définir ce qu'il entend par entreprises industrielles, à la condition de fournir chaque fois des justifications.

M. *Dubois* estime qu'il serait assez naturel d'admettre que, lorsqu'un Gouvernement vient offrir l'accession d'une de ses colonies ou possessions, il lui appartienne de décider ce qui, dans cette colonie ou possession, constitue un travail industriel susceptible d'être compris dans le champ d'action de la Convention.

M. *Caspar* déclare que la Délégation allemande n'entend pas prendre part à la discussion sur ce sujet ; il se passera un temps assez long jusqu'à ce que les colonies allemandes adhèrent à la Convention future. Cependant, la présente discussion a pour l'Allemagne un certain intérêt, puisqu'il serait question d'attribuer à chaque Gouvernement la faculté de définir, au point de vue de l'applicabilité de la Convention, le genre de travail industriel des indigènes. En tout cas, en ce qui concerne l'Europe, une faculté aussi étendue ne saurait être stipulée. L'article 1er fixe, dans son alinéa 3, les limites dans lesquelles l'exemption pourra être prévue ; la Convention n'est applicable ni à l'agriculture ni au commerce. Mais il ne paraît guère admissible d'établir une faculté qui prendrait pour critère la qualité même des ouvriers employés dans les entreprises industrielles.

M. *Samuel* insiste sur l'opportunité d'une adjonction à l'article 5 ter.

Son Exc. M. le Baron *Heidler* demande si l'on entend faire bénéficier des dispositions de l'article 5 ter un pays d'outre-mer, tel que le Japon, quand bien même il aurait une industrie puissante.

Son Exc. M. *Révoil* expose qu'il y a deux ordres d'idées à distinguer. Il y a, d'un côté, les cas visés par l'article 5 [ter], qui ne constituent pas, à proprement parler, des exceptions à la Convention ; on ne cherche qu'à tenir compte des conditions climatériques spéciales du pays, mais l'équilibre de la Convention demeure intact ; le repos de jour remplace le repos de nuit, de sorte que ces exceptions ne présentent pas d'inconvénients au point de vue de la concurrence internationale.-

Dans le second ordre d'idées, au contraire, il s'agit d'exceptions totales à la Convention, parce que la surveillance du travail industriel n'est plus possible. M. Samuel préférant qu'il soit inséré dans la Convention une définition du travail indigène dans les colonies, Son Exc. M. Révoil propose le renvoi à la Commission de rédaction, qui donnera une définition du travail colonial impossible à surveiller.

La Conférence, consultée par le *Président*, accepte l'article 5 [ter] tel qu'il est proposé par la Délégation française ; elle accepte également, en principe, l'adjonction à cet article présentée par M. Fontaine et renvoie ces textes, pour rédaction définitive, à la Commission de rédaction.

On passe à la discussion de l'ARTICLE 6 du projet de Convention, article ainsi conçu :

> La présente Convention sera ratifiée et les ratifications en seront déposées le                    au plus tard auprès du Conseil fédéral suisse.
>
> Il sera dressé de ce dépôt un procès-verbal, dont une copie, certifiée conforme, sera remise par la voie diplomatique à chacun des Etats contractants.
>
> La présente Convention entrera en vigueur trois ans après la clôture du procès-verbal de dépôt.
>
> Ce délai est fixé à dix ans :
>
> 1. pour les fabriques de sucre brut de betterave ;
> 2. pour le peignage et la filature de la laine ;

3. pour les travaux au jour des exploitations minières, lorsque ces travaux sont arrêtés annuellement, quatre mois au moins, par des influences climatériques.

Le *Président* annonce qu'il y a, à l'égard de l'alinéa 1er de cet article, deux amendements, l'un, de la Délégation britannique, proposant le 1er janvier 1908 comme dernière date pour le dépôt des ratifications de la Convention, l'autre, de M. le Délégué de la Suède, proposant la date du 1er janvier 1909.

M. *de Lagerheim* explique son amendement par des considérations parlementaires.

M. *Regout* déclare que le Gouvernement néerlandais désire également une prolongation du délai accordé pour la ratification.

Il rappelle qu'au début de la Conférence de l'année dernière, la Délégation néerlandaise a été obligée de faire, au nom de son Gouvernement, la déclaration qu'elle devrait s'abstenir lors de tout vote pour un repos de nuit continu de onze et même de dix heures à cause de la loi sur le travail actuellement en vigueur.

Comme cette loi, en réglementant et en limitant rigoureusement la durée du travail du jour des femmes, avait déjà imposé aux industries néerlandaises des sacrifices qui ne sont pas imposés aux industries concurrentes de la majorité des autres pays, le Gouvernement n'était guère disposé à étendre encore la portée de la loi.

Mais à la suite de démarches ultérieures de ses Délégués, le Gouvernement néerlandais a prouvé qu'il ne voulait, en aucune façon, entraver le succès de la Conférence, et grâce à de nouvelles instructions, la Délégation néerlandaise a pu, par sa signature, donner son adhésion complète aux Bases adoptées par la Conférence.

Le Gouvernement néerlandais ne regrette nullement cette concession; par contre, il désire que le délai pour la ratification soit prolongé jusqu'au 1er janvier 1909, attendu que ce délai sera peut-être nécessaire en vue d'autres travaux des Chambres législatives, qui devront approuver la modification de la loi actuelle sur le travail avant de pouvoir ratifier la Convention.

M. *Samuel* estime que la date importante pour les industriels est celle de la mise en vigueur de la Convention et il propose, s'il est nécessaire de reculer la date des ratifications, de réduire proportionnellement les délais pour la mise en vigueur.

M. *de Lagerheim:* L'essentiel est de donner aux industriels le temps nécessaire pour prendre leurs dispositions; en abrégeant trop les délais, on mettrait l'industrie suédoise dans une situation d'infériorité.

M. *Regout* déclare qu'il ne s'oppose pas à ce que la date de la mise en vigueur soit modifiée et se rallie à la proposition de la Délégation britannique tendant à ce que cette date soit fixée à deux au lieu de trois ans après la clôture du procès-verbal de dépôt.

Son Exc. M. *de Bülow* déclare que son Gouvernement est disposé à accepter la proposition de la Grande-Bretagne.

M. *Vedel* fait la déclaration suivante:

„Mon Gouvernement m'a donné pour instruction de faire une réserve quant au point que voici: En Danemark, la réglementation du travail se trouve déjà fixée par la loi de 1901. Un projet de révision de cette loi sera présenté à la Diète danoise en 1910 au plus tard. Il est peu probable qu'avant cette époque un tel projet d'amendement ou de révision aboutisse. Voilà pourquoi un délai plus long que celui prévu dans la Convention nous est nécessaire; de même je me réfère ici à ce que j'ai dit auparavant quant à la distinction entre les fabriques et les ateliers. Nous ne sommes pas sûrs qu'un projet de révision puisse être voté par la même Diète à laquelle le projet fut présenté. Le délai que nous demandons pour la ratification de la Convention devrait donc être fixé à la fin de 1912. Mon Gouvernement m'a ordonné de faire cette réserve avant de signer la Convention."

Son Exc. M. le Baron *Heidler* dit que les Gouvernements autrichien et hongrois se rallient au terme le plus rapproché pour la mise en vigueur de la Convention.

M. *Kaufmann* rappelle que le Ministre danois des Affaires étrangères, dans sa réponse à la circulaire du Conseil fédéral du 14 juin 1906, s'est exprimé en ces termes: „Avant la réunion de cette Conférence, je crois pourtant devoir vous avertir, Messieurs, que, pour ce qui concerne l'interdiction du travail de nuit des femmes dans l'industrie, le Danemark sera obligé de faire certaines restrictions. Ainsi, ce pays doit se réserver le droit d'établir des dispositions transitoires, et le délai nécessaire pour consacrer, par voie législative, les interdictions en question. Les démarches à ce dernier effet ne pourront guère être faites avant la révision de la loi actuelle sur le travail dans les manufactures, révision qui, d'après la loi, doit avoir lieu au plus tard en 1910."

M. *Vedel* dit qu'il y a une petite erreur dans la note du Gouvernement danois; c'est seulement un projet de loi qui doit être soumis à la Diète danoise dans l'automne de 1910. Une révision de la loi pendant cette année n'est pas prescrite.

Il est procédé à la votation:

Sur la proposition de Son Exc. M. *Révoil*, la Commission se prononce sur les trois délais à la fois; par treize voix contre une abstention, celle du Danemark, elle adopte, à l'alinéa 1er, la date du 1er janvier 1909, à l'alinéa 3, le délai de deux ans, et à l'alinéa 4, le délai de dix ans.

La Commission passe à l'examen de l'ARTICLE 7, ainsi conçu:

Les Etats non signataires de la présente Convention sont admis à déclarer leur adhésion, en indiquant la date de sa prise d'effet, par un acte adressé au Conseil fédéral suisse, qui le fera connaître à chacun des autres Etats contractants.

Cet article est adopté en principe et renvoyé à la Commission de rédaction.

La prochaine séance aura lieu le 20 septembre, à 5 heures.

La séance est levée à 7 heures.

*Le Président :*

EMILE FREY.

Pour le Secrétariat,

*Les Secrétaires :*

OTTO RIESER,
PAUL DINICHERT.

---

## CINQUIÈME SÉANCE DE COMMISSION.

20 septembre 1906.

Présidence de M. Emile *Frey*, Président.

La séance est ouverte à $5^1/_2$ heures.

Le *Président* demande quand la Commission de rédaction sera en mesure de soumettre à la Conférence plénière une partie au moins du texte du projet de Convention concernant le repos nocturne.

M. *Fontaine*, comme rapporteur de la Commission de rédaction, répond que dès le lendemain ce texte, à l'exception de deux articles, pourra être utilement discuté par la Conférence.

Sur la proposition de M. Fontaine, le préambule de la Convention est ainsi libellé: „Désirant développer la protection ouvrière par l'adoption de certaines dispositions communes à divers Etats," etc.

M. *Fontaine:* Au sujet de l'article 7 du projet de Convention du Conseil fédéral, une question de fond se présente: Les Etats qui adhéreront ultérieurement à la Convention devront-ils bénéficier des mêmes délais que ceux que l'article 6 réserve aux Etats signataires?

M. *de Lagerheim* répond par l'affirmative, car, à son avis, l'adhésion de nouveaux Etats doit être autant que possible facilitée.

M. *Fontaine* propose de supprimer à l'article 7 du projet (v. p. 93) les mots: „en indiquant la date de sa prise d'effet" et d'ajouter un 2e alinéa ainsi conçu:

> Les délais prévus par l'article 6 pour la mise en vigueur de la Convention partiront, pour les Etats non signataires, de la date de leur adhésion.

Cette proposition est adoptée.

M. *Fontaine* fait remarquer que si l'on accorde ces délais aux nouveaux Etats adhérents, on devra les accorder aussi en cas d'accession de colonies, possessions et protectorats.

La Commission donne son assentiment à cette proposition.

Le *Président* met en discussion l'Article 8 du projet du Conseil fédéral, article dont voici la teneur:

> La présente Convention peut être dénoncée en tout temps.
>
> Toute dénonciation produira effet un an après qu'elle aura été adressée par écrit au Conseil fédéral suisse, qui la communiquera immédiatement à chacun des autres Etats contractants.
>
> La dénonciation n'aura d'effet qu'à l'égard de l'Etat de qui elle sera émanée.

Le *Président* rappelle que les trois amendements suivants concernant cet article ont été distribués:

*Proposition de la Délégation britannique.*

La présente Convention aura une durée de cinq ans, à compter de l'échange des ratifications. Elle sera renouvelée de cinq en cinq années par tacite reconduction, à moins que l'une des Hautes Parties contractantes n'ait notifié au Conseil fédéral suisse par écrit, une année avant l'expiration de ladite période de cinq années, son intention d'en faire cesser les effets. Le Conseil fédéral suisse communiquera immédiatement une telle notification à chacun des autres Etats contractants.

Dans le cas où l'une des Hautes Parties contractantes dénoncerait la Convention, cette dénonciation n'aurait d'effet qu'à son égard.

*Proposition des Délégations d'Autriche et de Hongrie.*

La présente Convention ne pourra pas être dénoncée pendant les quinze années qui suivront l'échange des ratifications.

Après l'expiration du délai prévu à l'alinéa 1, chacun des Etats signataires pourra dénoncer la Convention par une notification écrite au Conseil fédéral suisse. Le Conseil fédéral communiquera sans délai la dénonciation aux autres Parties contractantes; la dénonciation ne déploiera son effet quant à l'Etat de qui elle émanera qu'après l'expiration d'une année.

*Proposition de la Délégation allemande.*

Substituer à l'article 8, alinéa 1er, phrase 1re, des propositions de la Délégation britannique le mot „quinze" au mot „cinq".

M. *Samuel* explique ainsi la proposition anglaise:

„Lorsque la Conférence, l'année dernière, a discuté les Bases d'une future Convention, aucune disposition n'a été arrêtée relativement aux conditions de dénonciation. Dans une note du 16 mars, le Gouvernement britannique a proposé que ce point fût fixé, et il se trouve, en effet, dans le projet de Convention du Conseil fédéral une disposition donnant à chaque Gouvernement le droit de faire cesser en tout temps les effets de la Convention moyennant dénonciation faite un an à l'avance.

Cette disposition apporte un élément d'incertitude dans les arrangements, et par là elle pourrait avoir de fâcheux effets.

Supposons, par exemple, qu'une Convention soit plus tard conclue, par entente générale, pour interdire l'emploi du phosphore blanc ou régler l'emploi du plomb dans certaines industries; les fabricants se trouveraient obligés peut-être de changer leurs méthodes de fabrication et d'employer leur capitaux à l'achat de machines nouvelles. Il pourrait s'élever des plaintes justifiées, si, après avoir fait ces dépenses à la suite d'une entente internationale, quelques mois plus tard, un ou plusieurs pays qui leur faisaient concurrence venaient à dénoncer la Convention. Une entente internationale ne devrait pas être aussi incertaine dans sa durée. Mais la question des termes de dénonciation est liée à la question de la Commission internationale et à celle de l'arbitrage.

La position d'un Etat qui a lieu de craindre que ses concurrents n'observent pas de bonne foi les stipulations de la Convention et qui ne peut demander ni l'avis d'une Commission, ni l'arbitrage, ni se retirer de la Convention pendant une période de quinze ans, serait peu enviable.

Je doute aussi qu'il soit possible aujourd'hui d'aller au delà d'un échange de vues général; il sera donc opportun de renvoyer la décision définitive au moment-même où nous reviendrons à la question de la Commission."

M. *Caspar:* La proposition de la Délégation allemande part de l'idée qu'il n'est pas indiqué de prévoir pour la dénonciation un délai plus restreint que pour l'entrée en vigueur de la Convention. Les diverses propositions destinées à assurer une certaine validité à la Convention ont toutes leur raison d'être, mais il est préférable, en raison de l'attitude à prendre vis-à-vis des propositions anglaise et française concernant l'institution d'une Commission, de renvoyer la discussion.

Son Ex. M. *Révoil* est d'avis de renvoyer la décision seulement, mais non la discussion.

M. *Caspar* se déclare d'accord.

M. *Müller:* Tous les amendements proposés ont pour but de garantir l'application durable de la Convention; celle-ci devrait même avoir, si c'était possible, une durée illimitée. Mais, comme de juste, le Conseil fédéral a dû prévoir la faculté de la dénoncer. L'Autriche entend apporter une restriction à ce principe en refusant aux Etats contractants la faculté de dénoncer l'arrangement pendant quinze ans.

M. le Comte *de Rechteren* déclare que son Gouvernement se rallie au projet suisse, car des circonstances imprévues dans le domaine industriel peuvent rendre désirable une dénonciation de la Convention, telle qu'elle est prévue à l'article 8 du projet. Une durée initiale de la Convention de quinze ans, ainsi que cela a été proposé par la Délégation allemande entre autres, n'est en principe pas désirable, car le Gouvernement actuel lierait par là pour une longue période ses successeurs éventuels. Le Gouvernement néerlandais accepterait, à titre de concession, comme maximum le terme de cinq ans proposé par l'Angleterre.

M. *Montemartini* dit que l'Italie acceptera le terme de dénonciation le plus long.

M. *de Lagerheim* appuie la proposition allemande, éventuellement la proposition anglaise.

M. *Fontaine* fait la distinction entre le délai initial, pendant lequel la Convention ne peut être dénoncée, et le délai de tacite reconduction. Le Gouvernement français désirerait voir fixer le premier à cinq ans au moins. C'est au début de l'application des lois sur le travail que se produisent les difficultés et ce serait rendre un mauvais service aux différents Etats que de leur permettre de dénoncer la Convention à tout moment pendant cette période difficile. Quant au délai de tacite reconduction, le Gouvernement français est disposé à se ranger aux décisions de la Conférence.

M. *Dubois:* La proposition du Conseil fédéral et l'amendement de la Délégation britannique étaient seuls connus du Gouvernement belge au moment où il a donné ses instructions à ses fondés de pouvoir; ceux-ci ont été autorisés à se rallier à celle des deux propositions qui aurait la préférence de la Conférence.

Son Exc. M. *d'Oliveira* déclare qu'il se trouve dans le même cas que la Délégation belge.

M. *Neuman* accepte le terme le plus long, soit 15 ans, ou à titre de transaction, un terme de 10 ans.

M. *Alméida* se rallie à la proposition anglaise.

M. *Kaufmann* retire la proposition suisse.

M. le Comte *de Rechteren* déclare se rallier à la proposition de la Délégation britannique, celle de la Délégation suisse ayant été retirée.

Le *Président* annonce que la proposition de la Délégation suisse n'ayant pas été reprise, elle doit être considérée comme éliminée du débat.

M. *Müller:* Le délai initial est demandé afin de mettre les Etats à même d'observer les effets de la Convention et le fonctionnement du nouveau régime. A cet égard, le délai de cinq ans proposé par M. le Délégué britannique n'est-il pas quelque peu arbitraire? Il faudrait prescrire au moins un délai suffisant pour englober le délai transitoire de dix ans, accordé pour la mise en vigueur de la Convention à certaines industries qui bénéficient de l'exemption prévue à l'article 1er. Au bout de cinq ans, la situation de ces industries ne sera pas encore déterminée. Il s'ensuit que le délai initial devrait s'étendre au moins jusqu'au moment où la Convention aura été mise à exécution complètement et déploiera son effet plein et entier.

M. *Samuel* estime que ce sont des industries exceptionnelles et même sans une très grande importance qui bénéficieront des délais transitoires prévus par l'article 6.

M. *Caspar* expose que M. le Délégué de la Grande-Bretagne part de la supposition que les industries pour lesquelles le délai d'exemption de dix ans a été prévu n'ont guère d'importance; cette supposition ne se réalise, toutefois, pas quant à l'Allemagne où ces industries ont, au contraire, une très grande importance. Il ne devrait pas être toléré qu'un Etat se retirât de l'arrangement avant que celui-ci fût mis en vigueur pour toutes les industries visées. La simple logique demande que le premier délai d'application dépasse dix ans.

M. *Regout* amende comme suit l'article 8 de la proposition britannique: „La présente Convention aura une durée de cinq ans à compter de la mise en vigueur de la Convention.“

Il fait observer que, selon l'avis de M. Caspar, la durée de la Convention devra nécessairement dépasser dix ans, uniquement à cause du même délai de dix ans accordé par l'article 6 pour certaines industries.

Ce n'est pas le Gouvernement néerlandais qui a demandé ce long délai et il ne compte pas même en profiter pour ces industries, qui existent également en Hollande. Par contre, le Gouvernement ne veut pas, en principe, s'engager pour une période de plus de cinq ans, bien qu'une dénonciation de la Convention de sa part ne soit pas à craindre, vu que l'interdiction du travail de nuit des femmes est en vigueur en Hollande depuis seize ans.

L'application de la proposition néerlandaise présentera certainement quelques difficultés, mais c'est la seule solution qui permette d'adopter une durée plus courte de l'effet de la Convention sans la rendre absolument illusoire par rapport aux industries qui bénéficient du long délai de dix ans pour la mise en vigueur.

M. *Caspar :* La Délégation allemande pourrait adhérer, quant à elle, à la proposition de M. le Délégué des Pays-Bas consistant à établir un délai de validité de cinq ans après la mise en vigueur de la Convention pour chaque industrie dont elle s'occupe. Mais quelle situation serait ainsi créée aux pays qui possèdent des industries mentionnées à l'alinéa 4 de l'article 6 ? Un pays pourrait dénoncer la Convention, au bout de cinq ans, pour celles de ses industries qui auraient été soumises au régime général, tandis que le régime à appliquer ultérieurement, après un certain délai, aux industries visées par l'article 6, à l'industrie de la filature de la laine, par exemple, resterait suspendu d'abord, puis s'appliquerait pendant cinq ans, en théorie du moins, avant de prendre fin à la suite de la dénonciation définitive. Ce serait là une situation tout à fait anormale, bizarre même. C'est pour tenir compte de toutes ces circonstances, et aussi en prévision de l'improbabilité d'une dénonciation de la part des premiers Etats contractants, que l'Allemagne recommande le délai initial d'application stable le plus long de quinze ans ; elle est, toutefois, prête à restreindre ce délai à douze ans, comme pour les traités de commerce.

M. *Dubois* rappelle les conditions dans lesquelles le Gouvernement belge a autorisé ses fondés de pouvoir à se rallier éventuellement à la proposition britannique. Personnellement, il reconnaît que les raisons indiquées par M. Caspar sont justes et il exprime l'espoir que l'accord se fera sur une solution donnant satisfaction à la Délégation allemande ; en tous cas, la Délégation belge en référera immédiatement à son Gouvernement afin d'obtenir pleine autorisation à cet effet.

M. *Müller :* L'Autriche attache une grande importance au délai initial le plus étendu ; quant au délai subséquent de dénonciation, elle est prête à accepter le système du Conseil fédéral (dénonciation libre produisant ses effets un an après). Au point de vue des travaux législatifs, il n'est guère possible de prévoir des modifications successives des lois concernant la protection ouvrière dans des limites de délais fixes préalables de cinq ans, pendant lesquels, d'après la proposition anglaise, la Convention continuerait à être en vigueur.

Après cet échange de vues, il est décidé que la question sera examinée à nouveau et tranchée après que la question de la Commission internationale aura trouvé sa solution.

Son Exc. M. *d'Oliveira* fait la déclaration suivante: „Lors de la discussion d'avant-hier sur la Commission proposée par la Délégation anglaise (v. p. 79), je ne me trouvais pas en possession d'instructions suffisantes pour me prononcer d'une façon définitive sur cette question. Aujourd'hui, ces instructions me sont parvenues et je suis heureux de pouvoir me rallier à la proposition anglaise modifiée et précisée par les amendements de la Délégation française.

Il est bien entendu que je me rallierai de même à toute proposition qui serait de nature à réunir toutes les voix de la Conférence et qui laisserait intact le principe posé par la Délégation de la Grande-Bretagne."

M. le Comte *de Rechteren*: „Au nom de la Délégation néerlandaise, je déclare pouvoir me rallier, en principe, à la proposition relative à une Commission internationale telle qu'elle a été formulée en dernier lieu."

La séance est levée à 7 heures.

La prochaine séance de la Conférence plénière est fixée au 21 septembre, à 3 heures.

*Le Président:*
EMILE FREY.

Pour le Secrétariat,
*Les Secrétaires:*
OTTO RIESER.
PAUL DINICHERT.

# SIXIÈME SÉANCE DE COMMISSION.

21 septembre 1906.

Présidence de M. Emile *Frey*, Président.

La séance est ouverte à $4^3/_4$ heures, aussitôt après la clôture de la deuxième séance plénière (v. p. 133).

Il est procédé à un échange de vues sur l'entente à intervenir entre les Etats disposés à signer une Convention prohibant l'emploi du phosphore.

M. *Fontaine* expose qu'aussitôt la Convention relative au travail de nuit adoptée, il sera possible de rédiger un instrument analogue concernant le phosphore.

Il résulte d'explications données par M. *Fontaine* et par M. *Regout* que la situation des colonies sera réglée dans ce second Acte international de la même manière que dans le premier.

M. *Samuel* dit qu'il pourra être ajouté à cet Acte une Déclaration par laquelle les Etats qui, pour le moment, préfèrent ne pas se lier, s'engageront à adhérer ultérieurement au principe de l'interdiction du phosphore blanc, une fois les adhésions encore attendues acquises.

M. *Gerster* déclare, au nom de la Hongrie et au nom de son Collègue d'Autriche, qu'ils sont prêts à signer un Protocole de clôture dans lequel se trouverait inséré un passage conçu dans les termes énoncés par M. le Délégué de la Grande-Bretagne et portant que l'adhésion de leur pays sera subordonnée à celle des autres Etats représentés à la Conférence, ainsi qu'à celle du Japon.

Son Exc. M. *d'Oliveira* déclare que le Portugal, étant lié jusqu'en 1925 par la concession du monopole des allumettes à une entreprise privée, ne pourrait pas signer, pour le moment, la déclaration proposée par M. le Délégué de la Grande-Bretagne.

M. *de Lagerheim* n'a pas encore reçu d'instructions et n'en recevra que lorsqu'il pourra soumettre à son Gouvernement les termes de la Convention sur le phosphore blanc, ainsi qu'un projet de texte pour la Déclaration à signer par les Etats restant en dehors de la Convention.

M. *Vedel* a reçu des instructions nouvelles qui l'autorisent à se rallier aux six Etats qui signeront une Convention entre un nombre restreint de pays.

La prochaine séance de la Conférence plénière aura lieu le 25 septembre, à 10 heures.

La séance est levée à 5 $^{1}/_{4}$ heures.

*Le Président:*
EMILE FREY.

Pour le Secrétariat,

*Les Secrétaires:*
OTTO RIESER.
PAUL DINICHERT.

---

## SEPTIÈME SÉANCE DE COMMISSION.

25 septembre 1906.

Présidence de M. Emile *Frey*, Président.

La séance est ouverte à 11 $^{3}/_{4}$ heures, aussitôt après la clôture de la troisième séance plénière (v. p. 139).

L'ordre du jour porte l'examen du projet de Convention concernant le repos nocturne, élaboré par la Commission de rédaction (v. p. 94).

M. *Fontaine*, rapporteur de la Commission de rédaction, dit que l'alinéa 2 de l'article 6 du projet de Convention précité

(v. p. 76, rédaction britannique ad art. 5 du projet du Conseil fédéral) a été inséré dans l'article 12 du texte définitif.

Son Exc. M. *Révoil*, d'accord avec Son Exc. M. *de Bülow*, propose de discuter les articles 8 (ancien article $5^{bis}$ ajouté au Projet du Conseil fédéral, v. p. 77) et 12 (voir ci-après, p. 113) du projet de Convention remanié par la Commission de rédaction, les deux seuls restés en suspens.

La Commission est d'accord.

M. *Samuel* déclare que la Délégation britannique se rallie à la nouvelle proposition relative à la Commission, préparée par les Délégations française et suisse (voir à la page suivante), bien que son texte s'éloigne beaucoup des premières propositions anglaises et de ce que désirerait la Grande-Bretagne.

Son Exc. M. *de Bülow* fait la déclaration qui suit:

„Le Gouvernement allemand se trouve, à son regret, dans l'impossibilité d'accepter une Commission même purement consultative.

Le Gouvernement allemand est convaincu que même avec une Commission destinée à assurer simplement la plus grande unité possible à la réglementation à édicter en conformité de la Convention et non pas à faire des enquêtes et à s'immiscer dans les actes administratifs, on fera des expériences fâcheuses et que cette Commission cherchera peu à peu à augmenter de plus en plus ses pouvoirs.

La Commission internationale s'occuperait à la longue aussi des détails de l'exécution des lois.

De plus, dans la Commission proposée, le représentant de chaque Etat serait seul à connaître à fond le mécanisme de l'administration de son pays et les particularités des circonstances qui touchent à la protection des ouvriers. Ce n'est que lui qui pourrait émettre des avis de véritable expert, tandis que les autres membres de la Commission pourraient, sans connaissance approfondie des causes, l'emporter sur lui par la majorité des voix.

Enfin, ce n'est que très peu de temps avant cette Conférence que le Gouvernement Impérial a eu une connaissance plus détaillée des propositions anglaises qui sortent du cadre du projet de Convention de l'année dernière. Le Gouvernement Impérial n'a pas eu le temps de soumettre les propositions concernant la Commission permanente aux Gouvernements des différents Etats allemands, qui ont le droit d'examiner et d'approuver toutes les questions qui touchent à leur législation et administration.

Il va sans dire que le Gouvernement allemand marchera toujours au premier rang des Puissances qui font tout leur possible pour protéger les ouvriers, en accord avec les autres Puissances. Mais la proposition concernant une Commission permanente demeure inacceptable pour le Gouvernement allemand, quelle que soit la forme de cette proposition et quelles que soient les modifications et atténuations qu'on y apporte.“

Son Exc. M. *Révoil* donne lecture des propositions des Délégations française et suisse, ainsi conçues:

„Dans le but d'assurer la plus grande unité possible à la réglementation qui sera édictée en conformité de la présente Convention, les diverses questions ayant trait à ladite Convention que celle-ci aurait laissées dans le doute pourraient être, par une ou plusieurs des Parties contractantes, soumises à l'appréciation d'une Commission où chaque Etat cosignataire serait représenté par son Délégué ou un Délégué et des Délégués adjoints.

Cette Commission aura une mission purement consultative. En aucun cas elle ne pourra se livrer à aucune enquête ni s'immiscer en quoi que ce soit dans les actes administratifs ou autres des Etats.

Elle fera sur les questions qui lui seraient soumises un rapport qui sera communiqué aux Etats contractants.

Cette Commission pourra, en outre, être appelée:

1° A donner son avis sur les conditions d'équivalence auxquelles peuvent être acceptées les adhésions des Etats hors d'Europe ainsi que des possessions, colonies, protectorats, lorsque le climat ou la condition des indigènes exigeront des modifications de détail de la Convention;

2° à servir d'organe pour l'échange de vues préliminaire au cas où les Hautes Parties contractantes seraient d'accord sur l'utilité qu'il y aurait à réunir de nouvelles conférences au sujet de la condition des travailleurs.

La Commission se réunira sur la demande de l'un des Etats contractants, mais pas plus d'une fois par année, sauf entente entre les Etats contractants pour une réunion supplémentaire en raison de circonstances exceptionnelles. Elle s'assemblera dans chacune des capitales des Etats contractants d'Europe successivement et dans l'ordre alphabétique."

* * *

„Les Hautes Parties contractantes se réservent la faculté de soumettre à l'arbitrage, conformément à l'article 16 de la Convention de la Haye, les questions que soulèverait la présente Convention, même si elles ont été l'objet d'un avis de la Commission prévue à l'article . . ."

Le premier texte, explique Son Exc. M. Révoil, deviendrait l'article 8 de la Convention, tandis que le deuxième texte ferait l'objet d'un Protocole additionnel.

Son Exc. M. Révoil veut surtout retenir de la déclaration de la Délégation allemande que le Gouvernement Impérial sera toujours prêt à collaborer au développement de la protection ouvrière et que l'un des obstacles à son adhésion au projet d'une Commission internationale résulte du fait qu'il a été saisi tardivement des propositions anglaises. Si les inconvénients signalés par la Délégation allemande méritent d'être pris en considération, il faut remarquer qu'ils ne se retrouvent pas dans le texte de la nouvelle proposition; par les termes nets dans lesquels les attributions de la Commission sont indiquées, la proposition offre la majeure partie des garanties qui paraissent nécessaires au Gouvernement allemand et elle apporte des avantages qu'on n'a pas niés.

Son Exc. M. le Baron *Heidler* déclare que, dans la situation actuelle, les Gouvernements autrichien et hongrois ne sont pas en mesure de donner leur adhésion même au texte nouvellement élaboré. Un des motifs en est aussi le temps trop court dont ont disposé les Gouvernements pour étudier la proposition anglaise; il croit que rarement une question d'une portée pareille a été aussi tardivement soulevée et il en est résulté une grande hâte dans les débats de la Conférence. Il estime, enfin, que la possibilité d'une entente ultérieure sera aidée si l'on s'abstient de faire des déclarations préjudicielles et qu'on laisse aux Gouvernements le soin de s'entendre directement entre eux.

Son Exc. M. *Michotte de Welle* lit cette déclaration:

„Le Gouvernement belge est résolu à soumettre le plus tôt possible à l'approbation des Chambres législatives la Convention à laquelle il aura donné son adhésion.

Il est également décidé à veiller à l'application intégrale de cette Convention, ainsi que des dispositions légales et réglementaires qui pourront en former le complément.

Aussi s'est-il empressé d'accepter les propositions de la Délégation britannique tendantes:

1° à charger chacun des Etats contractants à prendre les mesures administratives nécessaires pour assurer sur son territoire la stricte exécution des dispositions de la Convention;

2° à établir entre les Gouvernements un échange obligatoire des textes de lois et règlements qui seraient mis en vigueur dans leurs pays respectifs sur la matière de la Convention.

D'autre part, il s'est rallié sans hésitation à l'amendement déposé par la Délégation allemande et ayant pour but d'assurer la durée de la Convention en fixant à douze ans le terme pendant lequel elle ne pourra pas être dénoncée.

Tous les Etats contractants ayant manifesté les mêmes intentions, le Gouvernement belge estime que l'exécution de la future Convention est suffisamment garantie et qu'à ce point de vue, l'institution d'une Commission internationale ne serait guère justifiée; que si la mission de la Commission proposée devait se réduire à un rôle purement consultatif, les Délégués belges ne pourraient pas encore donner leur adhésion.

En effet, les inconvénients que présenterait cet organisme permanent, dont l'utilité serait d'ailleurs discutable, ont paru au Gouvernement du Roi comme tellement sérieux qu'il a prescrit à ses fondés de pouvoir de ne signer ni Convention, ni Protocole additionnel, contenant création d'une Commission internationale.

Certes, il peut surgir, à propos de l'exécution de la Convention, des questions d'interprétation ou autres que la consultation des Actes de la présente Conférence et les explications échangées par la voie diplomatique ne suffiraient pas à trancher. Mais, dans ce cas, la voie naturelle pour faire cesser les doutes qui pourraient subsister, serait de réunir une nouvelle Conférence, convoquée et délibérant dans les mêmes conditions que la présente assemblée.

Le Gouvernement belge se rallierait éventuellement à la proposition qui serait faite de prévoir dans la Convention même des conférences ayant le caractère qui vient d'être indiqué."

*M. Vedel* s'exprime ainsi: „Quant au Danemark, je pourrais me rallier à la proposition de la Délégation britannique, telle qu'elle est maintenant modifiée. Toutefois, je n'ai pas d'instructions sur le Protocole additionnel et dois donc faire une réserve à ce sujet."

M. *Alméida y Herreros* fait la déclaration suivante:

„Le Gouvernement de Sa Majesté Catholique a suivi avec un réel intérêt les débats de la Conférence; il s'est abstenu de formuler une opinion au début de ces travaux afin de ne pas augmenter la diversité des critères; il a, au contraire, fait des efforts pour les unir en vue d'un accord commun favorable à tous les Etats et à tous les intérêts.

Les questions concernant l'amélioration des conditions des ouvriers éveillent en Espagne un écho sympathique. Tous les partis politiques désirent contribuer à la tâche d'assurer la protection, l'éducation et le bien-être des ouvriers. Les lois relatives aux accidents du travail, au repos dominical et tant d'autres promulguées dans ce but sont là pour le prouver. Puis, il y a quelques années déjà, a été fondé à Madrid l'„Institut des Réformes sociales" qui se consacre à l'étude des problèmes sociologiques et dont les travaux ont acquis une véritable importance.

Aussi l'Espagne est-elle disposée à coopérer avec zèle et dans la mesure de ses forces à l'élaboration d'une Convention qu'elle s'empressera de signer, puisqu'elle formera la base de la protection de l'ouvrier, de la prospérité des industries et du progrès des nations.

Mais, pour que la Convention puisse déployer des effets pratiques et également favorables à tous les pays signataires, ainsi qu'aux adhérents futurs, il est indispensable de créer une Commission internationale qui serve en même temps de centre des rapports à établir entre les divers pays et de centre de renseignements, appelé à répondre aux questions qui seront soumises à son étude et à son examen.

Il ne faut pas oublier, en effet, que pour toute loi ou disposition législative, de même que pour tout contrat, la promulgation est bien distincte de l'application, car, dans la vie réelle, il se présente toujours des cas imprévus, quel que soit le soin que le législateur ait apporté à l'étude de la loi.

Or les dispositions et les règles communes qui vont être adoptées par la présente Conférence seront implantées pour la première fois dans plusieurs pays où les conditions de tout genre et le milieu visé sont aussi différents que le climat et les coutumes. Il peut aussi se créer dans un pays signataire quelconque des industries nouvelles qui exigent des réformes des prescriptions conventionnelles; la Commission internationale sera alors particulièrement qualifiée pour exposer aux autres Etats les conditions spéciales dans lesquelles se trouve ce pays.

La proposition française permet donc de créer un rouage qui, non seulement ne présentera pas les dangers qui ont été manifestés, mais sera d'une utilité certaine, grâce à l'autorité morale qu'il saura acquérir."

M. *Neuman* dit que le Gouvernement luxembourgeois serait d'accord avec le principe de la Commission internationale, mais qu'en présence des déclarations de l'Allemagne, notamment, l'adhésion du Grand-Duché va devenir difficile, à cause de l'Union douanière allemande dont le Grand-Duché fait partie. Les industriels luxembourgeois seraient traités autrement que leurs collègues allemands. Si l'article 8 était maintenu, M. Neuman devrait probablement s'abstenir.

Son Exc. M. *d'Oliveira* déclare ce qui suit:

„Me référant à la déclaration que j'ai faite sur cette question dans une séance antérieure (v. p. 102), je me rallie entièrement à la proposition des Délégations française et suisse, acceptée par la Délégation britannique."

M. *de Lagerheim* accepte également cette proposition.

M. *Lachenal* déclare ce qui suit:

„La Délégation suisse donne son adhésion à l'article 5[bis] (article 8 du Projet remanié, v. p. 77 et 105) tel qu'il est aujourd'hui proposé. Elle a approuvé les efforts faits pour donner à la proposition anglaise une teneur qui puisse la rendre acceptable par tous les Etats contractants. Elle a cru un instant que la dernière rédaction qui vous est présentée aurait suffi à satisfaire aux objections qui ont été formulées, mais elle se hâte d'ajouter qu'elle comprend que ces objections se soient produites et qu'elle en sent l'importance.

En nous en rapportant donc aux constatations qui vont résulter de la consultation à laquelle la Conférence se livre, la Délégation suisse exprime l'espoir que le jour viendra où, après de nouvelles études et sur le vu de l'expérience, l'institution de la Commission pourra rallier tous les suffrages."

M. *Montemartini* estime que toutes les objections formulées tombent en présence de la rédaction si large de la proposition des Délégations française et suisse, à laquelle la Délégation italienne se rallie entièrement.

M. le Comte *de Rechteren* tient à répéter que le Gouvernement néerlandais peut se rallier, en principe, au projet d'une Commission internationale. Il se demande, cependant, s'il est opportun d'admettre un texte y relatif dans la Convention, étant donnée l'opposition que rencontre ce projet de la part de plusieurs Etats.

M. *Samuel* se dit désappointé de ce que la proposition des Délégations française et suisse n'ait pas été unanimement acceptée. Il rappelle que la première proposition du Gouvernement britannique relativement à une Commission internationale remonte au 16 mars dernier et que celle-ci est depuis huit jours l'objet des délibérations de la Conférence. Sans doute, il n'est pas raisonnable qu'une Commission à laquelle n'adhèrent que dix Etats se charge de la tâche d'interpréter une Convention signée par quatorze Etats; néanmoins, une Commission même ainsi restreinte pourrait servir à la préparation de Conférences ultérieures. M. Samuel demande le renvoi de la discussion à la séance de l'après-midi.

Son Exc. M. *Révoil* désirerait qu'on discutât encore l'article 12 de la Convention.

M. *Caspar* est d'accord de renvoyer à l'après-midi la suite de la discussion sur la Commission internationale; toutefois, il serait utile de se trouver alors en présence d'un texte formel rédigé par la Délégation anglaise. Si l'orateur a bien compris celle-ci, elle renoncerait à postuler, pour la Commission internationale, la faculté de pouvoir interpréter la Convention et ne laisserait à la Commission que le soin de préparer des Conférences futures.

M. *Samuel* trouve par trop large l'interprétation que donne à ses paroles M. Caspar; il ajoute qu'il n'a pas, pour le moment, de nouveau texte à proposer.

Son Exc. M. *Révoil* croit que la préparation officieuse d'une proposition nouvelle serait préférable.

M. *Fontaine:* Il semble que, d'après ses dernières propositions, la Grande-Bretagne, tout en maintenant le principe de son amendement, met en avant comme premier rôle de la Commission la préparation des accords futurs, et que, dans ces conditions, il soit plus facile d'examiner sa proposition comme Protocole additionnel que comme article de la Convention. Il ne resterait donc à examiner en Commission plénière que l'article 12, et l'on aurait ainsi un texte définitif de Convention. Cet après-midi, on rechercherait la rédaction à donner au Protocole additionnel.

Son Exc. M. *Révoil* et M. *Samuel* sont du même avis.

Le *Président* met en discussion l'ARTICLE 12 de la Convention, ainsi conçu:

La présente Convention ne pourra pas être dénoncée, soit par les Etats signataires, soit par les Etats, colonies, possessions ou protectorats, qui adhéreraient ultérieurement, avant l'expiration d'un délai de {cinq / douze}[1] ans à partir de la clôture du procès-verbal de dépôt des ratifications.

[1]) Délais réservés jusqu'à nouvelle discussion

Elle pourra ensuite être dénoncée { de cinq en cinq ans. / d'année en année. }[1]

La dénonciation n'aura d'effet qu'un an après qu'elle aura été adressée par écrit par le Gouvernement intéressé, ou, s'il s'agit d'une colonie, possession ou protectorat, par le Gouvernement métropolitain, au Conseil fédéral suisse, qui la communiquera immédiatement au Gouvernement de chacun des autres Etats contractants.

La dénonciation n'aura d'effet qu'à l'égard de l'Etat, colonie, possession ou protectorat au nom de qui elle aura été adressée.

M. *Fontaine* rappelle qu'il reste deux propositions en présence quant au délai avant l'expiration duquel la Convention ne pourra être dénoncée : cinq ans et douze ans.

M. *Regout* a constaté que les Délégués dans leur grande majorité sont partisans d'un délai de douze ans. Dans ces circonstances, la Délégation néerlandaise, qui a reçu de nouvelles instructions de son Gouvernement, se rallie également au délai de douze ans.

La Commission vote sur les deux propositions.

Se prononcent pour le délai de douze ans : l'Allemagne, l'Autriche, la Hongrie, la Belgique, la France, l'Italie, le Luxembourg, les Pays-Bas, la Suède et la Suisse; pour le délai de cinq ans : le Danemark, l'Espagne et le Portugal; la Délégation de la Grande-Bretagne s'abstient, la proposition anglaise de cinq ans ayant été reprise par d'autres et la Délégation ne voulant l'abandonner sans leur consentement; la Grande-Bretagne serait prête, toutefois, à se rallier au délai de douze ans.

M. *Fontaine* propose de stipuler que la Convention pourra, à l'expiration du délai de douze ans, être dénoncée d'année en année.

---

[1]) Délais réservés jusqu'à nouvelle discussion.

Aucune contre-proposition n'étant faite, la proposition de M. Fontaine est adoptée.

La séance est levée à midi et demi.

*Le Président:*

EMILE FREY.

Pour le Secrétariat,

*Les Secrétaires:*

Otto Rieser.

Paul Dinichert.

# CONVENTION INTERNATIONALE

SUR

## L'INTERDICTION DU TRAVAIL DE NUIT DES FEMMES EMPLOYÉES DANS L'INDUSTRIE.

---

### *Rapport de la Commission de rédaction.*

---

#### Article premier.

Le travail industriel de nuit sera interdit à toutes les femmes, sans distinction d'âge, sous réserve des exceptions prévues ci-après.

La présente Convention s'applique à toutes les entreprises industrielles où sont employés plus de dix ouvriers et ouvrières; elle ne s'applique en aucun cas aux entreprises où ne sont employés que les membres de la famille.

A chacun des Etats contractants incombe le soin de définir ce qu'il faut entendre par entreprises industrielles. Parmi celles-ci seront en tout cas comprises les mines et carrières, ainsi que les industries de fabrication et de transformation des matières; la législation nationale précisera sur ce dernier point la limite entre l'industrie, d'une part, l'agriculture et le commerce, d'autre part.

L'article 1er ne diffère de l'article premier du projet du Conseil fédéral que par quelques modifications de style.

A l'alinéa 1er, conformément à la proposition de la Délégation allemande et aux observations échangées au cours de la troisième séance de Commission plénière, on a inséré, après le mot „exceptions“, le mot „prévues“ et remplacé les deux points qui terminaient l'alinéa par un point. Ces deux modifications ne font que rétablir le texte des Bases votées par la Conférence préparatoire de mai 1905; elles ne touchent pas au fond du texte; cependant, avec les deux points, l'alinéa aurait pu, à la rigueur, être interprété dans ce sens que les exceptions qu'il prévoit sont seulement celles qui sont visées dans les deux autres alinéas de l'article 1er, tandis qu'il s'agit évidemment, dans l'esprit de la Conférence, de toutes les exceptions prévues par la Convention.

A l'alinéa 3, la question avait été posée au cours de la troisième séance de Commission plénière de savoir si les termes „industries de fabrication et de transformation“ correspondaient exactement aux termes allemands „Bearbeitung und Verarbeitung“. Sur l'observation du Délégué luxembourgeois que, dans les textes français et allemand des lois de son pays, les deux expressions sont généralement traduites l'une par l'autre, on n'a pas jugé utile de modifier le texte de l'alinéa 3.

### Article 2.

Le repos de nuit visé à l'article précédent aura une durée minimum de onze heures consécutives; dans ces onze heures, quelle que soit la législation de chaque Etat, devra être compris l'intervalle de dix heures du soir à cinq heures du matin.

Toutefois, dans les Etats où le travail de nuit des femmes adultes employées dans l'industrie n'est pas encore réglementé, la durée du repos ininterrompu pourra, à titre transitoire et pour une période de trois ans au plus, être limitée à dix heures.

L'article 2 du projet du Conseil fédéral, qui reproduit d'ailleurs exactement l'article 2 des Bases votées en 1905, n'a reçu qu'une modification: à l'alinéa 2, le mot „actuellement“ a été remplacé par „encore". Si le mot „actuellement" a un sens parfaitement clair en ce qui concerne les Etats qui vont signer immédiatement la Convention, il n'en est pas de même pour les Etats qui adhéreront ultérieurement. Conformément à l'intention exprimée à maintes reprises par la Conférence d'accorder à ces derniers Etats les mêmes faveurs qu'aux premiers, on a voulu, par la substitution du mot „encore" au mot „actuellement", indiquer expressément que si, au moment où de nouveaux Etats adhéreront, leur législation ne réglemente pas encore le travail de nuit, ils jouiront de la faculté de limiter provisoirement, pendant trois ans au plus, à dix heures au lieu de onze, la durée du repos ininterrompu de nuit.

On n'a pas cru devoir indiquer expressément le point de départ de ce délai de trois ans, pendant lequel le repos ininterrompu de nuit pourra être limité à dix heures. Le contexte indique suffisamment que ce délai commencera à courir, non pas à partir de la clôture du procès-verbal de dépôt des ratifications, mais à partir de la mise en vigueur de la Convention dans l'Etat dont il s'agira. C'est ainsi que l'avait d'ailleurs entendu la Commission qui a rédigé l'article en mai 1905. Elle a indiqué expressément dans son rapport „que la période transitoire ne peut excéder trois ans *à partir de la mise en vigueur*".

Au même alinéa, on n'a pas cru davantage devoir préciser le sens de l'expression: „les Etats où le travail de nuit des femmes adultes employées dans l'industrie n'est pas encore réglementé." Il a paru évident que cette expression s'appliquait aux Etats qui n'auraient pas interdit *d'une manière générale* le travail de nuit des ouvrières adultes, quand bien même ces Etats l'auraient interdit dans une ou plusieurs industries particulièrement insalubres ou dangereuses. Quant au sens qu'il faut attacher aux termes „femmes adultes", il a paru que les explications qui ont été échangées entre le Délégué portugais et le Rapporteur de la Commission le précisaient suffisamment. Seront considérés comme ne réglementant pas le travail de nuit des femmes adultes les Etats qui n'interdiront le travail de nuit aux personnes du sexe féminin que jusqu'à un certain âge, cet âge pouvant être 16, 18 ou même 21 ans, suivant le criterium admis par la législation nationale pour distinguer les enfants et jeunes ouvriers et ouvrières, d'une part, et les ouvriers et ouvrières adultes, d'autre part.

### Article 3.

L'interdiction du travail de nuit pourra être levée:

1° en cas de force majeure, lorsque dans une entreprise se produit une interruption d'exploitation impossible à prévoir et n'ayant pas un caractère périodique;

2° dans le cas où le travail s'applique soit à des matières premières, soit à des matières en élaboration, qui seraient susceptibles d'altération très rapide, lorsque cela est nécessaire pour sauver ces matières d'une perte inévitable.

L'article 3 du projet du Conseil fédéral ne différait de l'article 3 des Bases votées en 1905 que par l'insertion du mot „premières" après le mot „matières" à l'alinéa 2. La Délégation française avait demandé et la Conférence, dans la troisième séance de Commission plénière, avait admis en principe la suppression de cette addition. Sur la proposition de la Délégation allemande, on a jugé préférable d'ajouter aux mots „matières premières" les mots „matières en élaboration". Cette nouvelle rédaction, en même temps qu'elle donne satisfaction aux intentions de la Délégation française, a l'avantage de dissiper toute ambiguïté sur le sens de l'article.

Au même alinéa 2, sur la demande de la Délégation néerlandaise, les mots „chaque fois que" ont été remplacés par „lorsque" pour bien marquer qu'une permission *spéciale* n'était pas considérée comme nécessaire chaque fois qu'il faudra lever l'interdiction du travail de nuit dans les industries visées par cet alinéa. C'est à la législation nationale qu'il appartient de déterminer les conditions dans lesquelles ces industries pourront user de cette faculté, sous la réserve que les exceptions prévues ont bien pour but de permettre uniquement de parer aux risques de perte de la matière.

### Article 4.

Dans les industries soumises à l'influence des saisons, et en cas de circonstances exceptionnelles pour toute entreprise, la durée du repos ininterrompu de nuit pourra être réduite à dix heures, soixante jours par an.

L'article 4 reproduit exactement l'article 4 du projet du Conseil fédéral, qui était lui-même la reproduction de l'article 4 des Bases votées en 1905. On n'a changé que la place des virgules, afin de bien marquer que la dérogation ne s'applique sans conditions qu'aux industries soumises à l'influence des saisons. Les autres industries ne pourront en bénéficier qu'en justifiant qu'elles se trouvent dans des circonstances exceptionnelles.

Il est entendu que cette expression „circonstances exceptionnelles“, ainsi que cela résulte des déclarations faites par les Délégations allemande, britannique, française et suisse, dans la troisième séance de Commission plénière, comprend notamment les demandes de production inattendues et temporaires, et, d'une façon générale, les surcroîts extraordinaires de travail.

### Article 5.

A chacun des Etats contractants incombe le soin de prendre les mesures administratives qui seraient nécessaires pour assurer sur son territoire la stricte exécution des dispositions de la présente Convention.

Les Gouvernements se communiqueront par la voie diplomatique les lois et règlements sur la matière de la présente Convention qui sont ou seront en vigueur dans leurs pays, ainsi que les rapports périodiques concernant l'application de ces lois et règlements.

L'article 5 n'existait ni dans le projet du Conseil fédéral, ni dans les Bases votées en 1905. Il a été introduit à la suite de l'adoption d'un amendement présenté par la Délégation britannique. On n'a apporté à cet article que quelques modifications de style: à l'alinéa 1er notamment, les mots „la stricte exécution“ ont été substitués aux mots „l'exécution précise“.

Il est entendu que l'alinéa 2 n'oblige pas à une seconde communication les Gouvernements qui communiquent déjà par la voie diplomatique leurs lois, règlements et rapports concernant la réglementation du travail.

## Article 6.

Les dispositions de la présente Convention ne seront applicables à une colonie, possession ou protectorat que dans le cas où une notification à cet effet serait donnée en son nom au Conseil fédéral suisse par le Gouvernement métropolitain.

Celui-ci, en notifiant l'adhésion d'une colonie, possession ou protectorat, pourra déclarer que la Convention ne s'appliquera pas à telles catégories de travaux indigènes dont la surveillance serait impossible.

L'article 6 n'existait pas dans les Bases votées en 1905. Dans le projet du Conseil fédéral il était prévu, comme article 5, avec ce libellé: „Applicabilité de la Convention aux provinces, colonies ou possessions d'outre-mer.“ Ce libellé a été développé dans une proposition déposée par la Délégation britannique et qui a été adoptée en principe dans la troisième séance de la Commission plénière.

Le texte primitif de cet article a reçu des modifications assez importantes.

L'alinéa relatif aux délais de dénonciation de la Convention pour les colonies, possessions ou protectorats a été fondu dans la rédaction de l'article 11.

Par contre on a joint à cet article la disposition relative à l'inapplicabilité de la Convention à certains travaux indigènes dont la surveillance serait impossible. Dans l'article où la Délégation française avait proposé d'ajouter cette disposition, elle aurait en effet visé non seulement les colonies, possessions ou protectorats, mais aussi les Etats hors d'Europe, ce qui changeait la portée de cette disposition. Le mot „indigènes" a, en effet, un sens différent selon qu'il s'agit de colonies ou d'Etats souverains. Dans ces derniers, les indigènes sont les citoyens mêmes de l'Etat et il est inadmissible qu'un Etat se déclare dans l'impossibilité de surveiller ses propres citoyens.

Il est entendu que, dans cette disposition, l'expression „catégories de travaux indigènes" donne aux Etats la faculté d'exempter de l'application de la Convention soit l'ensemble des travaux indigènes de certaines régions déterminées, soit seulement certains de ces travaux.

### Article 7.

Dans les Etats hors d'Europe, ainsi que dans les colonies, possessions ou protectorats, lorsque le climat ou la condition des populations indigènes l'exigeront, la durée du repos ininterrompu de nuit pourra être inférieure aux minima fixés par la présente Convention, à la condition que des repos compensateurs soient accordés pendant le jour.

L'article 7 n'existait ni dans le projet du Conseil fédéral, ni dans les Bases votées en 1905. Il a été introduit sur la proposition de la Délégation française.

Il n'a pas été apporté de modification au texte primitif en dehors de la disjonction de la disposition additionnelle concernant l'exemption de certains travaux indigènes, disposition qui a été reportée à l'article 6, et de la suppression du membre de phrase „avec l'assentiment de la Commission prévue par l'article 8". Il s'agissait, dans ce membre de phrase, d'un projet d'article 8 qui ne figure pas dans le texte définitif de la Convention.

Cette dernière suppression a pour conséquence de subordonner l'adhésion des Etats hors d'Europe, ainsi que des colonies, possessions ou protectorats, qui réclameront le bénéfice de l'article 7, à l'assentiment de tous les Etats contractants.

### Article 8.

La présente Convention sera ratifiée et les ratifications en seront déposées le 31 décembre 1908 au plus tard auprès du Conseil fédéral suisse.

Il sera dressé de ce dépôt un procès-verbal, dont une copie, certifiée conforme, sera remise par la voie diplomatique à chacun des Etats contractants.

La présente Convention entrera en vigueur deux ans après la clôture du procès-verbal de dépôt.

Le délai de mise en vigueur est porté de deux à dix ans :

1° pour les fabriques de sucre brut de betterave ;

2° pour le peignage et la filature de la laine ;

3° pour les travaux au jour des exploitations minières, lorsque ces travaux sont arrêtés annuellement, quatre mois au moins, par des influences climatériques.

L'article 8 existait comme article 5 dans les Bases votées en 1905. Il a été repris comme article 6 par le projet du Conseil fédéral avec une addition précisant la forme du dépôt des ratifications.

L'article 8 reproduit l'article 6 du projet fédéral avec les modifications suivantes :

A l'alinéa 2, la date extrême pour le dépôt des ratifications avait été fixée, dans la quatrième séance de la Commission plénière, au 1er janvier 1909. On a préféré dire le 31 décembre 1908.

A l'alinéa 3, le délai général de mise en vigueur a été abaissé de trois ans à deux ans, parce qu'à l'alinéa 1er on avait cru nécessaire de proroger d'un an le délai de ratification, qui avait été inséré dans les Bases de 1905.

L'alinéa 4 n'a subi qu'une modification de forme.

Il est entendu que les délais fixés pour la mise en vigueur, tant celui de deux ans que celui de dix ans, sont des délais maximum et la Conférence exprime l'espoir que les Etats intéressés réaliseront la réforme sans en attendre l'expiration.

### Article 9.

Les Etats non signataires de la présente Convention sont admis à déclarer leur adhésion par un acte adressé au Conseil fédéral suisse, qui le fera connaître à chacun des autres Etats contractants.

L'article 9 n'existait pas dans les Bases votées en 1905; il a été emprunté à l'article 7 du projet du Conseil fédéral. La seule modification apportée au texte primitif est la suppression des mots „en indiquant la date de sa prise d'effet“, cette question faisant l'objet de l'article suivant.

### Article 10.

Les délais prévus par l'article 8 pour la mise en vigueur de la présente Convention partiront, pour les Etats non signataires, ainsi que pour les colonies, possessions ou protectorats, de la date de leur adhésion.

L'article 10 n'existait ni dans les Bases votées en 1905, ni dans le projet fédéral. Il a été voté dans la cinquième séance de la Commission plénière sur la proposition de la Commission de rédaction. Aucune modification n'a été apportée au texte voté par la Conférence.

ARTICLE 11.

La présente Convention ne pourra pas être dénoncée, soit par les Etats signataires, soit par les Etats, colonies, possessions ou protectorats, qui adhéreraient ultérieurement, avant l'expiration d'un délai de douze ans à partir de la clôture du procès-verbal de dépôt des ratifications.

Elle pourra ensuite être dénoncée d'année en année.

La dénonciation n'aura d'effet qu'un an après qu'elle aura été adressée par écrit par le Gouvernement intéressé, ou, s'il s'agit d'une colonie, possession ou protectorat, par le Gouvernement métropolitain, au Conseil fédéral suisse qui la communiquera immédiatement au Gouvernement de chacun des autres Etats contractants.

La dénonciation n'aura d'effet qu'à l'égard de l'Etat, colonie, possession ou protectorat au nom de qui elle aura été adressée.

Les Bases votées en 1905 ne contenaient aucune stipulation relative à la durée de la Convention et aux conditions dans lesquelles elle pourrait être dénoncée. C'est l'article 8 du projet du Conseil fédéral, qui, après les modifications votées par la Conférence dans la quatrième séance plénière, est devenu l'article 11. Les explications échangées tant dans cette séance que dans les cinquième et septième séances de Commission plénière, précisent suffisamment le sens de cet article.

| *Le Président:* | *Le Rapporteur:* |
|---|---|
| H. NEUMAN. | ARTHUR FONTAINE. |

# DEUXIÈME SÉANCE PLÉNIÈRE.

21 septembre 1906.

Présidence de M. Emile *Frey*, Président.

La séance est ouverte à $3^1/_4$ heures.

Le ***Président*** annonce que le Bureau a examiné les pleins pouvoirs de MM. les Plénipotentiaires et qu'il est résulté de cet examen ce qui suit :

Pour l'Allemagne, Son Exc. M. de Bülow, M. Caspar, M. Frick et M. Eckardt sont munis de pleins pouvoirs généraux.

Pour l'Autriche et pour la Hongrie, Son Exc. M. le Baron Heidler, M. Müller, M. Homann et M. Gerster sont munis de pleins pouvoirs généraux.

Pour la Belgique, Son Exc. M. Michotte de Welle et M. Dubois sont munis de pleins pouvoirs en ce qui concerne la question du travail de nuit des femmes.

Pour le Danemark, M. Vedel est muni de pleins pouvoirs en ce qui concerne la question du travail de nuit des femmes.

Pour l'Espagne, M. Alméida y Herreros présente une Ordonnance Royale, du 10 septembre 1906, signée par le Ministre de l'Intérieur et chargeant M. Alméida y Herreros de représenter le Gouvernement espagnol à la Conférence. Ce document a été transmis à la Légation d'Espagne à Berne par le Ministère d'Etat.

Pour la France, Son Exc. M. Révoil et M. Fontaine sont munis de pleins pouvoirs généraux.

Pour la Grande-Bretagne, M. Samuel et M. Delevingne sont munis de pleins pouvoirs généraux.

La Délégation italienne n'a pas encore remis ses pleins pouvoirs au Bureau.

Pour le Luxembourg, M. Neuman est muni de pleins pouvoirs généraux.

Pour les Pays-Bas, M. le Comte de Rechteren et M. Regout sont munis de pleins pouvoirs en ce qui concerne la question du travail de nuit des femmes.

Pour le Portugal, Son Exc. M. d'Oliveira est muni de pleins pouvoirs généraux.

Pour la Suède, M. de Lagerheim est muni de pleins pouvoirs généraux.

Pour la Suisse, MM. Frey, Kaufmann, Lachenal, Schobinger, Scherrer et Syz sont munis de pleins pouvoirs généraux.

Son Exc. M. *d'Oliveira*, M. le Comte *de Rechteren* et Son Exc. M. le Baron *Heidler* présentent au sujet de deux procès-verbaux quelques observations dont il sera tenu compte dans l'édition définitive des Actes de la Conférence.

A l'ordre du jour figure le rapport de la Commission de rédaction concernant le projet de Convention internationale sur l'interdiction du travail de nuit des femmes employées dans l'industrie.

M. *Fontaine*, explique que la tâche de la Commission a consisté à revoir, au point de vue grammatical, les textes adoptés par la Conférence. M. Fontaine a l'intention, une fois que ces textes auront été adoptés, de résumer dans un rapport ce qui a été dit dans les séances. Ce rapport sera soumis à la Conférence.

Le projet de Convention que dépose la Commission de rédaction n'est pas complet en ce sens que le paragraphe second de l'article 6 contient une lacune et l'article 7 un membre de phrase qui a été réservé, enfin, que l'article 12, qui est en connexité avec l'article 6, n'est pas encore voté.

La Conférence passe à la discussion par articles.

L'ARTICLE PREMIER est ainsi rédigé:

Le travail industriel de nuit sera interdit à toutes les femmes, sans distinction d'âge, sous réserve des exceptions prévues ci-après.

La présente Convention s'applique à toutes les entreprises industrielles où sont employés plus de dix ouvriers et ouvrières; elle ne s'applique en aucun cas aux entreprises où ne sont employés que les membres de la famille.

A chacun des Etats contractants incombe le soin de définir ce qu'il faut entendre par entreprises industrielles. Parmi celles-ci seront en tout cas comprises les mines et carrières, ainsi que les industries de fabrication et de transformation des matières; la législation nationale précisera sur ce dernier point la limite entre l'industrie, d'une part, l'agriculture et le commerce, d'autre part.

Son Exc. M. *d'Oliveira* fait la déclaration suivante:

„Mon Gouvernement aurait préféré que l'application de la Convention fût expressément limitée aux entreprises énumérées dans l'article 1er, c'est-à-dire aux mines et carrières, ainsi qu'aux industries de fabrication et de transformation des matières où seraient employés plus de dix ouvriers et ouvrières et à l'exception de celles où ne seraient employés que des membres de la famille.

Mon Gouvernement est d'avis que cette limitation permettrait de donner à la Convention une application uniforme dans tous les Etats et rendrait plus facile la distinction prévue à cet article entre l'industrie, le commerce et l'agriculture.

Je suis toutefois autorisé à voter l'article 1er tel qu'il a été arrêté par la Conférence, mais en déclarant, pour éviter tout malentendu, que mon Gouvernement interprète les mots de cet article: „*A chacun des Etats contractants incombe le soin de définir ce qu'il faut entendre par entreprises industrielles*", dans ce sens que, pour toutes les entreprises en dehors de celles déjà mentionnées, il sera libre de leur appliquer ou non la Convention, d'après son propre critère, et sans se considérer comme lié par des définitions non conformes aux siennes que feraient de ces mêmes entreprises les autres Etats contractants."

M. *Fontaine* estime que cette interprétation est rigoureusement conforme à la Convention. Celle-ci impose aux Etats l'obligation de faire rentrer dans le domaine d'application de la Convention les mines et carrières, ainsi que les industries de fabrication et de transformation des matières; elle ne les empêche pas naturellement d'adopter une législation plus large, mais elle les laisse libres à cet égard.

L'article premier est adopté.

L'Article 2 est ainsi conçu:

> Le repos de nuit visé à l'article précédent aura une durée minimum de onze heures consécutives; dans ces onze heures, quelle que soit la législation de chaque Etat, devra être compris l'intervalle de dix heures du soir à cinq heures du matin.
>
> Toutefois, dans les Etats où le travail de nuit des femmes adultes employées dans l'industrie n'est pas encore réglementé, la durée du repos ininterrompu pourra, à titre transitoire et pour une période de trois ans au plus, être limitée à dix heures.

M. *Fontaine*: A l'article 2, le mot „actuellement" du projet de 1905 a été remplacé par le mot „encore". En 1905 on ne s'est pas préoccupé des Etats qui pourraient adhérer par la suite à la Convention; la nouvelle rédaction contenant un article qui les concerne, le mot „actuellement" serait un non-sens.

Son Exc. M. *d'Oliveira* pose la question de savoir si la définition du terme „femmes adultes" est abandonnée à la loi nationale. Au Portugal, par exemple, la majorité des femmes est fixée à l'âge de vingt et un ans.

M. *Fontaine* répond affirmativement.

En ce qui concerne les mots „*femmes adultes employées dans l'industrie*", M. Fontaine expose que si le travail n'est pas réglementé dans un pays pour les ouvrières employées dans l'industrie en général, s'il n'est interdit qu'accessoirement, par exemple dans telle ou telle industrie dangereuse, la clause de faveur (réduction à dix heures, pendant trois ans, du repos de nuit ininterrompu) est applicable à ce pays.

L'article 2 est adopté.

L'Article 3 a la teneur suivante:

L'interdiction du travail de nuit pourra être levée:

1° en cas de force majeure, lorsque dans une entreprise se produit une interruption d'exploitation impossible à prévoir et n'ayant pas un caractère périodique;

2° dans le cas où le travail s'applique soit à des matières premières, soit à des matières en élaboration, qui seraient susceptibles d'altération très rapide, lorsque cela est nécessaire pour sauver ces matières d'une perte inévitable.

M. *Fontaine* expose que la rédaction nouvelle est, en ce qui concerne les diverses matières auxquelles s'applique le travail, conforme aux décisions de la Conférence. De même, „chaque fois" a été remplacé par „lorsque" pour établir la concordance entre les textes français et allemand, aussi bien que pour donner satisfaction à une observation de M. Regout.

L'article 3 est adopté.

Les articles 4 et 5, adoptés sans discussion, sont ainsi conçus:

### Article 4.

Dans les industries soumises à l'influence des saisons, et en cas de circonstances exceptionnelles pour toute entreprise, la durée du repos ininterrompu de nuit pourra être réduite à dix heures, soixante jours par an.

ARTICLE 5.

A chacun des Etats contractants incombe le soin de prendre les mesures administratives qui seraient nécessaires pour assurer sur son territoire la stricte exécution des dispositions de la présente Convention.

Les Gouvernements se communiqueront par la voie diplomatique les lois et règlements sur la matière de la présente Convention qui sont ou seront en vigueur dans leurs pays, ainsi que les rapports périodiques concernant l'application de ces lois et règlements.

L'ARTICLE 6 est rédigé en ces termes:

Les dispositions de la présente Convention ne seront applicables à une colonie, possession ou protectorat que dans le cas où une notification à cet effet serait donnée en son nom au Conseil fédéral suisse par le Gouvernement métropolitain.

Celui-ci, en notifiant l'adhésion d'une colonie, possession ou protectorat, pourra déclarer que la Convention ne s'appliquera pas à telles catégories de travaux indigènes dont la surveillance serait impossible.

M. *Fontaine:* L'alinéa 2 de cet article est réserve; d'ailleurs, très vraisemblablement, il sera inséré dans l'article 12 qui traite la même question de dénonciation en ce qui concerne les Etats.

L'ARTICLE 7 est ainsi conçu:

Dans les Etats hors d'Europe, ainsi que dans les colonies, possessions ou protectorats, lorsque le climat ou la condition des populations indigènes l'exigeront, la durée du repos ininterrompu de nuit pourra [avec l'assentiment de la Commission prévue par l'article 8], être inférieure aux minima fixés par la présente Convention, à la condition que des repos compensateurs soient accordés pendant le jour.

Cet article est adopté, sous réserve de la décision à intervenir au sujet de la Commission prévue par l'article 8.

L'ARTICLE 9 stipule ce qui suit:

La présente Convention sera ratifiée et les ratifications en seront déposées le 31 décembre 1908 au plus tard auprès du Conseil fédéral suisse.

Il sera dressé de ce dépôt un procès-verbal, dont une copie, certifiée conforme, sera remise par la voie diplomatique à chacun des Etats contractants.

La présente Convention entrera en vigueur deux ans après la clôture du procès-verbal de dépôt.

Le délai de mise en vigueur est porté de deux à dix ans:

1° pour les fabriques de sucre brut de betterave;

2° pour le peignage et la filature de la laine;

3° pour les travaux au jour des exploitations minières, lorsque ces travaux sont arrêtés annuellement, quatre mois au moins, par des influences climatériques.

M. *de Lagerheim* déclare qu'il n'a pas encore reçu d'instructions au sujet de l'alinéa 3.

L'article 9 est adopté.

L'ARTICLE 10 a la teneur suivante:

Les Etats non signataires de la présente Convention sont admis à déclarer leur adhésion par un acte adressé au Conseil fédéral suisse, qui le fera connaître à chacun des autres Etats contractants.

Cet article est adopté sans observation.

L'ARTICLE 11 est ainsi conçu:

Les délais prévus par l'article 9 pour la mise en vigueur de la présente Convention partiront, pour les Etats non signataires, ainsi que pour les colonies, possessions ou protectorats, de la date de leur adhésion.

M. *Fontaine*: La Commission estime que tous les délais prévus par la Convention sont des délais extrêmes et constituent un maximum de concession.

Cet article est adopté sans observation.

La séance plénière est levée à $4^3/_4$ heures.

*Le Président:*
EMILE FREY.

Pour le Secrétariat,
*Les Secrétaires:*
Otto Rieser.
Paul Dinichert.

---

# TROISIÈME SÉANCE PLÉNIÈRE.

25 septembre 1906.

Présidence de M. Emile *Frey*, Président.

La séance est ouverte à 11 heures.

M. le Comte *de Rechteren* annonce que la Délégation des Pays-Bas a reçu des pleins pouvoirs pour signer la Convention du phosphore.

Son Exc. M. le Comte *Magliano* annonce que la Délégation d'Italie a reçu des pleins pouvoirs pour signer les deux Conventions.

L'ordre du jour appelle la discussion de la Convention sur la prohibition de l'emploi du phosphore.

Il a été distribué un projet rédigé par la Commission de rédaction et dont voici la teneur:

*(Enumération des Parties contractantes.)*

Désirant faciliter le développement de la protection ouvrière par l'adoption de dispositions communes concernant l'emploi du phosphore blanc (jaune) dans l'industrie des allumettes,

Ont résolu de conclure une convention à cet effet et ont nommé pour leurs Plénipotentiaires, savoir :

*(Noms des Plénipotentiaires.)*

Lesquels, après s'être communiqué leurs pleins pouvoirs, trouvés en bonne et due forme, sont convenus des dispositions suivantes :

### Article premier.

Les Hautes Parties contractantes s'engagent à interdire sur leur territoire la fabrication, l'introduction et la mise en vente des allumettes contenant du phosphore blanc (jaune).

### Article 2.

A chacun des Etats contractants incombe le soin de prendre les mesures administratives qui seraient nécessaires pour assurer sur son territoire la stricte exécution des dispositions de la présente Convention.

Les Gouvernements se communiqueront par la voie diplomatique les lois et règlements sur la matière de la présente Convention qui sont ou seront en vigueur dans leurs pays ainsi que les rapports concernant l'application de ces lois et règlements.

### Article 3.

Les dispositions de la présente Convention ne seront applicables à une colonie, possession ou protectorat que dans le cas où une notification à cet effet sera donnée en son nom au Conseil fédéral suisse par le Gouvernement métropolitain.

### Article 4.

La présente Convention sera ratifiée et les ratifications en seront déposées le 31 décembre 1908 au plus tard auprès du Conseil fédéral suisse.

Il sera dressé de ce dépôt un procès-verbal, dont une copie, certifiée conforme, sera remise par la voie diplomatique à chacun des Etats contractants.

La présente Convention entrera en vigueur trois ans après la clôture du procès-verbal de dépôt.

### Article 5.

Les Etats non signataires de la présente Convention sont admis à déclarer leur adhésion par un acte adressé au Conseil fédéral suisse, qui le fera connaître à chacun des autres Etats contractants.

Le délai prévu par l'article 4 pour la mise en vigueur de la présente Convention est porté à cinq ans pour les Etats non signataires, ainsi que pour les colonies, possessions ou protectorats, à compter de la notification de leur adhésion.

### Article 6.

La présente Convention ne pourra pas être dénoncée soit par les Etats signataires, soit par les Etats, colonies, possessions ou protectorats, qui adhéreraient ultérieurement, avant l'expiration d'un délai de cinq [1]) ans à partir de la clôture du procès-verbal de dépôt des ratifications.

Elle pourra ensuite être dénoncée { de cinq en cinq ans. / d'année en année. } [1])

La dénonciation n'aura d'effet qu'un an après qu'elle aura été adressée par écrit par le Gouvernement intéressé, ou, s'il s'agit d'une colonie, possession ou protectorat, par le Gouvernement métropolitain, au Conseil fédéral suisse, qui la communiquera immédiatement au Gouvernement de chacun des autres Etats contractants.

---

[1]) Délais réservés jusqu'à nouvelle discussion.

La dénonciation n'aura d'effet qu'à l'égard de l'Etat, colonie, possession ou protectorat au nom de qui elle aura été adressée.

En foi de quoi, les Plénipotentiaires ont signé la présente Convention.

Fait à Berne, le                                en un seul exemplaire, qui demeurera déposé aux archives de la Confédération suisse et dont une copie, certifiée conforme, sera remise par la voie diplomatique à chacun des Etats contractants.

M. *Fontaine* rapporte au nom de la Commission de rédaction et déclare que celle-ci s'est mise d'accord sur tous les articles, à l'exception de l'article 6 où il s'agit de fixer les délais de dénonciation.

Au nom de la Délégation française, M. Fontaine propose que la Convention ne puisse pas être dénoncée avant l'expiration d'un délai de cinq années, à partir du procès-verbal de clôture de dépôt des ratifications; elle pourrait l'être ensuite d'année en année.

Son Exc. M. *de Bülow* appuie cette proposition, qui est adoptée sans discussion.

M. *Vedel* fait la déclaration ci-après:

„Tout en me référant à des réserves faites par moi auparavant quant à l'Islande et aux îles Féroë, qui possèdent des législations autonomes, je puis accepter l'article 6, en déclarant que mon Gouvernement se réserve le droit de définir ce qu'il entend par le mot „possessions".

Il est procédé à la votation.

Le *Président* constate que la Convention du phosphore a été adoptée par sept Etats, savoir: l'Allemagne, le Danemark, la France, l'Italie, le Luxembourg, les Pays-Bas et la Suisse.

M. *Samuel* pose aux Délégations de Suède et de Belgique la question de savoir si les Gouvernements qu'elles représentent sont disposés à signer une Déclaration additionnelle tendant à subordonner l'adhésion des Etats non signataires à l'accession du Japon et de tous les pays représentés à la Conférence, sauf l'Espagne et le Portugal.

M. *de Lagerheim* n'est pas en mesure de répondre parce qu'il attend des instructions définitives qui lui parviendront encore au cours de la journée; si elles ne l'autorisent pas à signer la Déclaration telle qu'elle lui a été officieusement communiquée, il se peut qu'elles lui permettent d'accepter un texte modifié.

Son Exc. M. *Révoïl* exprime le vœu que la Déclaration puisse rallier les voix des Etats qui ne signeront pas la Convention; la France y attache de l'importance, car elle verrait dans cet accord un symptôme précurseur d'un acquiescement futur à la prohibition, sans conditions ni réserves.

Son Exc. M. le Baron *Heidler* dit que les Délégations d'Autriche et de Hongrie n'ont pas assisté aux séances de la Commission.

M. *Dubois* fait observer qu'il a considéré comme purement officieuse la communication que lui a faite M. Samuel au sujet d'un projet de Déclaration; la Délégation belge n'a pas délibéré à ce sujet parce qu'elle estimait devoir attendre que la Conférence en fût saisie.

Son Exc. M. le Baron *Heidler* s'associe à cette observation. Il n'a reçu aucune instruction à ce sujet.

M. *Samuel* rappelle que dans une séance précédente de la Commission (v. 6ᵉ séance, p. 103) il a exprimé l'avis que les Etats non signataires pourraient adhérer à la Convention moyennant l'accession des Gouvernements précités. C'est là aujourd'hui l'objet de la discussion.

Son Exc. M. le Baron *Heidler* dit que le procès-verbal de la deuxième séance de Commission lui faisait dire, par erreur, que son Gouvernement adhérait à la proposition de la Grande-Bretagne et qu'il a remis au Bureau le texte rectifié de sa déclaration (v. p. 66).

M. *Müller* estime qu'il y a lieu, pour éviter un malentendu, de distinguer entre le fond et la forme de la question. Quant au fond, l'Autriche et la Hongrie maintiennent ce que leurs Délégués ont signé il y a un an, à savoir que si les conditions auxquelles est subordonnée l'adhésion de certains Etats se réalisent, cette adhésion sera acquise sans autre forme de procès. Mais en ce qui concerne la forme, il importe de relever que la proposition anglaise ne figure pas à l'ordre du jour de la Conférence; qu'il s'agisse d'une Déclaration ou d'un autre Acte semblable, la Délégation n'a pas été autorisée à délibérer sur cette question.

Son Exc. M. *Révoil* insiste sur l'avantage qu'il y aurait à obtenir un résultat, même sous la double forme d'un engagement ferme pris par un certain nombre d'Etats et d'un engagement conditionnel consenti par les autres.

M. *Scherrer* tient à réfuter l'opinion émise de deux côtés que la question du phosphore ne se trouve pas à l'ordre du jour de la Conférence. L'orateur cite un passage de la note-circulaire du Conseil fédéral du 14 juin 1906, ainsi que l'ordre du jour de la Conférence contenu dans cette note (voir ci-dessus, p. 28 et 29), d'où il ressort d'une manière irréfutable que cette question était maintenue au programme de la Conférence, le Conseil fédéral ayant seulement renoncé à préparer un projet de Convention sur cette matière.

M. *Gerster* tient à déclarer que le procès-verbal de la sixième séance de Commission, du 21 septembre, ne rend pas tout à fait exactement sa pensée; il n'a pas dit qu'un Protocole de clôture serait rédigé à ce sujet, mais a entendu dire que la Déclaration serait simplement insérée dans le procès-verbal de la séance.

M. *Samuel* propose aux Délégations des cinq Etats intéressés de se réunir officieusement pour examiner un projet de Déclaration préparé par la Délégation britannique.

Les cinq Délégations intéressées déclarent être d'accord avec cette proposition.

La séance est levée à 11$^{3}/_{4}$ heures.

*Le Président:*

EMILE FREY.

Pour le Secrétariat,

*Les Secrétaires:*

OTTO RIESER.
PAUL DINICHERT.

---

# QUATRIÈME SÉANCE PLÉNIÈRE.

26 septembre 1906.

Présidence de M. Emile *Frey*, Président.

La séance est ouverte à 11 heures.

Le *Président* fait les communications suivantes:

M. Alméida y Herreros a reçu l'avis officiel que ses pleins pouvoirs ont été signés par Sa Majesté le Roi d'Espagne;

M. V. R. Haarlöv, Secrétaire au Ministère de l'Intérieur à Copenhague, a été désigné comme Secrétaire de la Délégation danoise.

En outre, le Président propose de ne pas publier le texte des deux Conventions avant samedi, le 29 septembre, et de décider que la séance de clôture de l'après-midi sera publique.

La Conférence est d'accord.

Le *Président* soumet au vote des Délégations l'ensemble de la *Convention sur l'interdiction de l'emploi du phosphore blanc (jaune) dans l'industrie des allumettes* (v. le projet, ci-dessus, p. 134, et le texte définitif, ci-après, p. 169).

La Convention est votée par les Délégations de l'Allemagne, du Danemark, de la France, de l'Italie, du Luxembourg, des Pays-Bas et de la Suisse.

Ont voté négativement les Délégations de l'Autriche, de la Hongrie, de la Belgique, de l'Espagne, de la Grande-Bretagne, du Portugal et de la Suède.

M. *Samuel* demande si la Délégation suédoise peut se rallier actuellement à l'idée de faire une Déclaration additionnelle à la Convention du phosphore (adhésion conditionnelle).

M. *de Lagerheim* répond que les instructions qu'il vient de recevoir ne lui permettent pas de signer une Déclaration de ce genre. Son Gouvernement est d'avis que la durée obligatoire très limitée de la Convention, ainsi que le manque de stipulations immédiatement applicables aux colonies, possessions et protectorats des Etats signataires, ne sont pas de nature à rendre l'adhésion de la Suède sans inconvénients.

Le Gouvernement suédois veut donc garder sa liberté d'action, quant à présent, mais il se réserve de prendre plus tard en considération l'adhésion à la Convention.

M. *Samuel* dit que, dans ces conditions et étant donnée l'impossibilité où se trouvent les Délégations espagnole et portugaise de signer la Déclaration additionnelle, il retire sa proposition, si, toutefois, les Délégations autrichienne et hongroise y consentent.

Son Exc. M. le Baron *Heidler* déclare que les Délégations autrichienne et hongroise sont d'accord.

L'ordre du jour appelle la discussion du texte de la *Convention sur l'interdiction du travail de nuit des femmes employées dans l'industrie.*

M. *Caspar* propose de substituer à la lecture de la Convention l'examen de celle-ci par les Délégations et il demande que la séance soit suspendue dans ce but pendant une dizaine de minutes.

Son Exc. M. *Révoil* appuie la proposition de M. Caspar, laquelle n'est pas combattue.

En conséquence, *le Président* suspend la séance pour un quart d'heure.

La séance est reprise à $11^1/_2$ heures.

La Conférence passe à l'examen par articles de la Convention relative à l'interdiction du travail de nuit des femmes.

Le préambule a la teneur suivante:

*(Enumération des Parties contractantes.)*

Désirant faciliter le développement de la protection ouvrière par l'adoption de dispositions communes,

Ont résolu de conclure à cet effet une convention concernant le travail de nuit des femmes employées dans l'industrie, et ont nommé pour leurs Plénipotentiaires, savoir:

*(Noms des Plénipotentiaires.)*

Lesquels, après s'être communiqué leurs pleins pouvoirs, trouvés en bonne et due forme, ont successivement discuté et adopté les dispositions suivantes:

Ce préambule ne donne lieu à aucune remarque.

L'Article premier est ainsi conçu:

Le travail industriel de nuit sera interdit à toutes les femmes, sans distinction d'âge, sous réserve des exceptions prévues ci-après.

La présente Convention s'applique à toutes les entreprises industrielles où sont employés plus de dix ouvriers et ouvrières;

elle ne s'applique en aucun cas aux entreprises où ne sont employés que les membres de la famille.

A chacun des Etats contractants incombe le soin de définir ce qu'il faut entendre par entreprises industrielles. Parmi celles-ci seront en tout cas comprises les mines et carrières, ainsi que les industries de fabrication et de transformation des matières; la législation nationale précisera sur ce dernier point la limite entre l'industrie, d'une part, l'agriculture et le commerce, d'autre part.

Au sujet de cet article, M. *Vedel* déclare que les dernières instructions de son Gouvernement l'autorisent à renoncer à la réserve formulée, dans la séance de Commission du 18 septembre (v. p. 70), au sujet de la distinction à faire entre les fabriques proprement dites et les ateliers.

Les articles 2, 3, 4 et 5 sont acceptés sans discussion; ils ont la teneur suivante:

### Article 2.

Le repos de nuit visé à l'article précédent aura une durée minimum de onze heures consécutives; dans ces onze heures, quelle que soit la législation de chaque Etat, devra être compris l'intervalle de dix heures du soir à cinq heures du matin.

Toutefois, dans les Etats où le travail de nuit des femmes adultes employées dans l'industrie n'est pas encore réglementé, la durée du repos ininterrompu pourra, à titre transitoire et pour une période de trois ans au plus, être limitée à dix heures.

### Article 3.

L'interdiction du travail de nuit pourra être levée:

1. en cas de force majeure, lorsque dans une entreprise se produit une interruption d'exploitation impossible à prévoir et n'ayant pas un caractère périodique;

2. dans le cas où le travail s'applique soit à des matières premières, soit à des matières en élaboration, qui seraient sus-

ceptibles d'altération très rapide, lorsque cela est nécessaire pour sauver ces matières d'une perte inévitable.

ARTICLE 4.

Dans les industries soumises à l'influence des saisons, et en cas de circonstances exceptionnelles pour toute entreprise, la durée du repos ininterrompu de nuit pourra être réduite à dix heures, soixante jours par an.

ARTICLE 5.

A chacun des Etats contractants incombe le soin de prendre les mesures administratives qui seraient nécessaires pour assurer sur son territoire la stricte exécution des dispositions de la présente Convention.

Les Gouvernements se communiqueront par la voie diplomatique les lois et règlements sur la matière de la présente Convention qui sont ou seront en vigueur dans leurs pays, ainsi que les rapports périodiques concernant l'application de ces lois et règlements.

La Conférence passe à l'examen de l'ARTICLE 6, dont voici le texte:

Les dispositions de la présente Convention ne seront applicables à une colonie, possession ou protectorat que dans le cas où une notification à cet effet serait donnée en son nom au Conseil fédéral suisse par le Gouvernement métropolitain.

Celui-ci, en notifiant l'adhésion d'une colonie, possession ou protectorat, pourra déclarer que la Convention ne s'appliquera pas à telles catégories de travaux indigènes dont la surveillance serait impossible.

Au sujet de cet article, M. *Vedel* déclare ce qui suit:

„Tout en me référant à des réserves faites par moi auparavant quant à l'Islande et aux îles Féroë, qui possèdent des législations autonomes, je puis accepter l'article 6 — ceci a trait aussi à l'article 7 — en déclarant que mon Gouvernement se réserve le droit de définir ce qu'il entend par le mot „possessions.“

L'ARTICLE 7 est rédigé en ces termes:

Dans les Etats hors d'Europe, ainsi que dans les colonies, possessions ou protectorats, lorsque le climat ou la condition des populations indigènes l'exigeront, la durée du repos ininterrompu de nuit pourra être inférieure aux minima fixés par la présente Convention, à la condition que des repos compensateurs soient accordés pendant le jour.

Au sujet de cet article, M. *Samuel* fait cette déclaration:

„Je tiens à déclarer, au nom du Gouvernement de la Grande-Bretagne, que, pour autant que les dispositions de la Convention concernent les colonies, possessions et protectorats britanniques, elles s'appliquent également à l'île de Chypre".

Les articles 6 et 7 sont adoptés.

La Conférence examine l'ARTICLE 8, ainsi conçu:

La présente Convention sera ratifiée et les ratifications en seront déposées le 31 décembre 1908 au plus tard auprès du Conseil fédéral suisse.

Il sera dressé de ce dépôt un procès-verbal, dont une copie, certifiée conforme, sera remise par la voie diplomatique à chacun des Etats contractants.

La présente Convention entrera en vigueur deux ans après la clôture du procès-verbal de dépôt.

Le délai de mise en vigueur est porté de deux à dix ans:

1. pour les fabriques de sucre brut de betterave;

2. pour le peignage et la filature de la laine;

3. pour les travaux au jour des exploitations minières, lorsque ces travaux sont arrêtés annuellement, quatre mois au moins, par des influences climatériques.

M. *de Lagerheim* annonce qu'il est autorisé à signer la Convention sans faire de réserves quant aux délais prévus à l'article 8.

M. *Vedel* s'exprime en ces termes:

„Le Gouvernement danois ne pouvant soumettre à la Diète un projet de loi sur le travail de nuit des ouvrières avant l'automne 1910, conjointement avec la revision de la loi du 11 avril 1901 sur le travail dans les fabriques, il considère le délai fixé pour le dépôt des ratifications de la Convention comme trop limité. Aussi ne sera-t-il pas à même de ratifier celle-ci avant ledit délai.

Je suis chargé de faire à cet égard une réserve formelle et je ne puis signer sans réserver à mon Gouvernement le droit de fixer l'époque du dépôt dudit projet de loi.

Par conséquent, comme la ratification du Gouvernement danois ne pourrait être donnée en temps utile, il profitera éventuellement de la faculté d'adhérer plus tard.“

L'article 8 est adopté. Il en est de même des articles 9 et 10, ainsi rédigés:

Article 9.

Les Etats non signataires de la présente Convention sont admis à déclarer leur adhésion par un acte adressé au Conseil fédéral suisse, qui le fera connaître à chacun des autres Etats contractants.

Article 10.

Les délais prévus par l'article 8 pour la mise en vigueur de la présente Convention partiront, pour les Etats non signataires, ainsi que pour les colonies, possessions ou protectorats, de la date de leur adhésion.

La Conférence passe à l'examen de l'Article 11, ainsi conçu:

La présente Convention ne pourra pas être dénoncée soit par les Etats signataires, soit par les Etats, colonies, possessions ou protectorats qui adhéreraient ultérieurement, avant l'expiration d'un délai de douze ans à partir de la clôture du procès-verbal de dépôt des ratifications.

Elle pourra ensuite être dénoncée d'année en année.

La dénonciation n'aura d'effet qu'un an après qu'elle aura été adressée par écrit au Conseil fédéral suisse par le Gouvernement intéressé, ou, s'il s'agit d'une colonie, possession ou protectorat, par le Gouvernement métropolitain; le Conseil fédéral la communiquera immédiatement au Gouvernement de chacun des autres Etats contractants.

La dénonciation n'aura d'effet qu'à l'égard de l'Etat, colonie, possession ou protectorat au nom de qui elle aura été adressée.

Son Exc. M. *d'Oliveira* se déclare en mesure d'accepter sans réserve le délai de douze ans prévu à l'alinéa 1er de l'article 11.

M. *Alméida* déclare que la Délégation espagnole accepte également le délai de douze ans admis par la majorité.

De son côté, M. *Vedel* déclare ce qui suit:

„Etant donné le grand nombre d'Etats qui ont voté le délai de douze ans prévu à l'article 11, je crois pouvoir, quant à moi, me rallier auxdits Etats et je déclare, en conséquence, accepter ce délai."

La Conférence adopte l'article 11, ainsi que la formule finale de la Convention. (*En foi de quoi,* etc.)

Le texte de la Convention est ainsi adopté dans l'ensemble.

M. *Alméida* déclare qu'il a à remplir le devoir agréable d'exprimer sa profonde gratitude à la Conférence et à son Président pour la grande courtoisie avec laquelle le Délégué d'Espagne a été admis à cette délibération finale, sur le simple avis officiel que ses pouvoirs ont été signés par Sa Majesté Catholique; il espère, d'ailleurs, recevoir les pouvoirs encore au courant de la journée.

Son Exc. M. *Révoil* fait cette déclaration: „Je suis chargé de déposer sur le Bureau de la Conférence un Vœu, et de prier

M. le Président d'en donner lecture et de le faire insérer au procès-verbal."

Le *Président* donne lecture de ce Vœu pour qu'il soit inséré au procès-verbal. Voici quelle en est la teneur:

„Au moment de procéder à la signature de la Convention sur le travail de nuit des femmes, les Délégués du *Danemark, de l'Espagne, de la France, de la Grande-Bretagne, de l'Italie, du Luxembourg, des Pays-Bas, du Portugal, de la Suède* et *de la Suisse,*

convaincus de l'utilité d'assurer la plus grande unité possible à la réglementation qui sera édictée en conformité de la présente Convention,

émettent le vœu que les diverses questions ayant trait à ladite Convention, que celle-ci aurait laissées dans le doute, puissent être, par une ou plusieurs des Parties contractantes, soumises à l'appréciation d'une Commission où chaque Etat cosignataire serait représenté par un délégué ou par un délégué et des délégués-adjoints.

Cette Commission aurait une mission purement consultative. En aucun cas elle ne pourrait se livrer à aucune enquête ni s'immiscer en quoi que ce soit dans les actes administratifs ou autres des Etats.

Elle ferait sur les questions qui lui seraient soumises un rapport qui serait communiqué aux Etats contractants.

Cette Commission pourrait, en outre, être appelée:

1. A donner son avis sur les conditions d'équivalence auxquelles peuvent être acceptées les adhésions des Etats hors d'Europe, ainsi que des possessions, colonies, protectorats, lorsque le climat ou la condition des indigènes exigeront des modifications de détail de la Convention.
2. Sans préjudicier à l'initiative de chaque Etat contractant, à servir d'organe pour l'échange de vues préliminaire, au cas où les Hautes Parties contractantes seraient d'accord

sur l'utilité qu'il y aurait à réunir de nouvelles conférences au sujet de la condition des travailleurs.

La Commission se réunirait sur la demande de l'un des Etats contractants, mais pas plus d'une fois par année, sauf entente entre les Etats contractants pour une réunion supplémentaire en raison de circonstances exceptionnelles. Elle s'assemblerait dans chacune des capitales des Etats contractants d'Europe successivement et dans l'ordre alphabétique.

Il serait entendu que les Etats contractants se réserveraient la faculté de soumettre à l'arbitrage, conformément à l'article 16 de la Convention de La Haye, les questions que soulèverait la Convention en date de ce jour, même si elles avaient été l'objet d'un avis de la Commission.

Les Délégués précités demandent au Gouvernement suisse, qui accepte, de vouloir bien, jusqu'à la clôture du procès-verbal de dépôt des ratifications de la Convention, continuer les pourparlers pour l'adhésion au présent Vœu des Etats dont les Délégués ne l'auraient pas signé.

Ce Vœu serait transformé en Convention par les Etats contractants, à la diligence du Gouvernement suisse, dès qu'il aurait reçu l'adhésion de tous les Etats signataires de la Convention."

*Berne*, le 26 septembre 1906.

H. Vedel. — Bernardo Alméida y Herreros. — Révoil. — Arthur Fontaine. — Herbert Samuel. — Malcolm Delevingne. — R. Magliano. — G. Montemartini. — H. Neuman. — Rechteren. — L. H. W. Regout. — A. d'Oliveira. — Alfr. Lagerheim. — E. Frey. — F. Kaufmann. — A. Lachenal. — Schobinger. — H. Scherrer. — John Syz.

Le *Président* fait procéder au vote de la Convention sur l'interdiction du travail de nuit des femmes employées dans l'industrie. Cette Convention est adoptée à l'unanimité.

La séance de clôture aura lieu à 3 heures. La séance est levée à midi.

*Le Président :*
EMILE FREY.

Pour le Secrétariat,

*Les Secrétaires :*
Otto Rieser,
Paul Dinichert.

---

# SÉANCE DE CLÔTURE.

26 septembre 1906.

Présidence de M. Emile *Frey,* Président.

La séance est ouverte à 4 heures, aussitôt les deux Conventions signées par MM. les Délégués.

Le *Président* prononce le discours suivant:

*Messieurs,*

Nous voici arrivés au terme de nos travaux. C'est un très grand honneur pour moi que d'avoir été appelé par vous à présider à vos délibérations et avant de nous séparer, je tiens à vous remercier une fois encore de cette marque de confiance ainsi que de la bienveillance dont vous avez fait preuve à mon égard.

Je suis certain, Messieurs, que vous vous associerez à moi pour exprimer notre entière reconnaissance aux éminents hommes d'Etat qui ont contribué à la réussite de nos travaux; notre reconnaissance va notamment aussi à notre Rapporteur, M. Fontaine, dont le zèle et l'activité infatigables ont su triompher de toutes les difficultés d'une tâche ardue.

Le peuple suisse apprécie hautement l'honneur que lui a valu votre présence dans la Ville fédérale. Il a suivi vos travaux avec la sollicitude la plus attentive, car il comprend que c'est un grand problème, dont la solution marquera dans les fastes de l'humanité, qui s'est discuté ici. Est-il possible de faire de la protection ouvrière l'objet de conventions internationales qui lient les Parties contractantes? Si vous aviez tranché cette question négativement, les espérances de milliers d'hommes auraient été cruellement déçues; en la tranchant affirmativement, vous avez inauguré une ère nouvelle dans l'histoire sociale de l'humanité. Lorsque tous les Etats se seront unis dans la pensée commune de protéger le peuple travailleur contre les risques du travail, alors viendra le moment où cette protection répondra à toutes les exigences légitimes de l'humanité et de la civilisation, parce que la lutte sur le terrain de la concurrence désarmera devant cette législation. C'est là la voie qui, selon toutes prévisions humaines, conduit vers la solution pacifique de la question sociale. Ce sera votre titre de gloire, Messieurs, d'avoir fait le premier pas et cette gloire, l'histoire l'inscrira dans ses annales. *(Applaudissements.)*

Son Exc. M. *Révoil* prononce le discours suivant:

*Messieurs,*

La Conférence toute entière voudra s'associer aux paroles que vient de prononcer son Président. Au nom des Délégués des Puissances, je lui adresse nos plus cordiaux remerciements. Il a témoigné dans la direction de nos débats des éminentes qualités qui lui ont valu tant de marques de la confiance de ses concitoyens. N'appartenait-il pas, d'ailleurs, à l'un des premiers champions des idées qui viennent de recevoir une si importante sanction de présider à nos travaux et n'a-t-il pas le droit de ressentir aujourd'hui une légitime fierté?

Nous pouvons, de notre côté, nous féliciter de l'heureuse issue de nos délibérations. Elles se sont poursuivies dans le même sentiment de solidarité et avec la même impression d'harmonie, aussi bien quand la conviction de tous n'était pas faite sur l'utilité d'une proposition, que lorsque l'accord unanime s'établissait entre nous.

Saluons la première Convention de Berne sur les conditions du travail et émettons le vœu qu'une prompte ratification lui permette de réaliser, dans les délais les plus courts, et sur toute l'étendue de son champ d'application, les bienfaits qu'on en attend.

Unissons-nous enfin, une dernière fois, pour adresser à la Suisse et au Conseil fédéral l'expression de notre gratitude pour son concours si utile et son incomparable hospitalité. *(Applaudissements.)*

Son Exc. M. *de Bülow* prononce le discours suivant:

*Messieurs,*

Notre Conférence est arrivée à un bon et beau résultat et elle prendra dès à présent sa place d'honneur à côté de la Conférence de Genève, toutes les deux bienfaitrices de l'humanité.

Nous devons ce résultat, comme l'a dit M. l'Ambassadeur avec tant d'éloquence, en premier lieu à notre vénéré Président, l'homme d'Etat si distingué, qui a conduit nos délibérations et travaux avec tant de clarté, dignité et sagesse, ainsi qu'à notre excellent Vice-Président, qui nous a prêté ses lumières.

Mais nous sommes aussi pleins de reconnaissance pour notre excellent rapporteur de la Commission de rédaction, M. Fontaine, insi que pour Messieurs les Secrétaires, Dr. Rieser, Paul Dinichert, Ernest Röthlisberger et Charles Vogt, aussi bien que pour Messieurs les Secrétaires-Adjoints, dont le zèle et l'habilité ont facilité nos travaux et assuré le succès de notre Conférence.

Au nom de nous tous, je leur exprime notre profonde reconnaissance. *(Applaudissements.)*

M. *Müller* prononce le discours suivant:

*Messieurs,*

La Conférence mémorable dans les annales de l'histoire, la première dans ce domaine et qui, espérons-le, sera suivie d'autres, ayant terminé ses travaux, les représentants des Gouvernements s'empressent d'exprimer leur plus vive gratitude à ceux-là mêmes qui ont donné à la Conférence son nom et son prestige, en même temps que sa valeur et son efficacité.

Nous avons constaté avec admiration l'entier dévouement et la parfaite compétence déployées par le Corps diplomatique en vue de l'heureuse solution d'un des problèmes les plus importants de la protection ouvrière internationale.

Les représentants des Etats ne sont pas seuls à éprouver cette satisfaction; elle a été ressentie dans les milieux les plus étendus et notamment dans la classe ouvrière de tous les pays, car il est devenu manifeste que la diplomatie sait déployer sa maîtrise non seulement dans les grandes questions de droit et dans les hautes affaires politiques, mais aussi lorsqu'il s'agit des intérêts des classes sociales moins favorisées par le sort.

L'opinion publique reconnaissante dira avec nous que ces hauts personnages ne sont pas seulement les représentants de leurs Etats, mais aussi de leur époque.

C'est ce sentiment de gratitude que je tenais à exprimer officiellement au nom des Délégués des Gouvernements représentés à cette Conférence. *(Applaudissements.)*

Son Exc. M. *Révoil* répond au discours de M. Müller en ces termes:

*Messieurs,*

Le Corps diplomatique auquel notre éminent collègue Délégué d'Autriche vient de rendre un hommage si délicat et si flatteur n'aurait pas dû se laisser devancer. Il semble, en effet, que ce soit plutôt lui qui se trouve débiteur dans la circonstance et qui ait à payer un large tribut de remerciements au patient labeur, à la précieuse compétence des Délégués techniques auxquels nous devons l'architecture solide et harmonieuse dont nous ne sommes que les décorateurs.

Toutefois, si le dévouement aux idées qui ont été exposées et sanctionnées dans cette enceinte constitue un mérite, ce mérite nous est commun avec nos collègues et nous pouvons les assurer que notre zèle pour l'œuvre à laquelle ils se consacrent est aussi sincère sinon aussi efficace que le leur. *(Applaudissements.)*

Le *Président* déclare la séance levée, à $4^1/_4$ heures, et la Conférence close.

*Le Président:*
EMILE FREY.

Pour le Secrétariat,

*Les Secrétaires:*
OTTO RIESER,
PAUL DINICHERT.

# TEXTES ADOPTÉS

## PAR LA CONFÉRENCE.

---

Convention internationale sur l'interdiction du travail de nuit des femmes employées dans l'industrie.

Convention internationale sur l'interdiction de l'emploi du phosphore blanc (jaune) dans l'industrie des allumettes.

# CONVENTION
## INTERNATIONALE
SUR
## L'INTERDICTION DU TRAVAIL DE NUIT DES FEMMES EMPLOYÉES DANS L'INDUSTRIE.

---

Sa Majesté l'EMPEREUR d'ALLEMAGNE, ROI de PRUSSE; Sa Majesté l'EMPEREUR d'AUTRICHE, ROI de BOHÊME, etc., et ROI APOSTOLIQUE de HONGRIE; Sa Majesté le ROI des BELGES; Sa Majesté le ROI de DANEMARK; Sa Majesté le ROI d'ESPAGNE; le PRÉSIDENT de la RÉPUBLIQUE FRANÇAISE; Sa Majesté le ROI du ROYAUME-UNI de GRANDE-BRETAGNE et d'IRLANDE et des POSSESSIONS BRITANNIQUES au delà des Mers, EMPEREUR des INDES; Sa Majesté le ROI d'ITALIE; Son Altesse Royale le GRAND-DUC de LUXEMBOURG, DUC de NASSAU; Sa Majesté la REINE des PAYS-BAS; Sa Majesté le ROI de PORTUGAL et des ALGARVES, etc.; Sa Majesté le ROI de SUÈDE; le CONSEIL FÉDÉRAL SUISSE,

Désirant faciliter le développement de la protection ouvrière par l'adoption de dispositions communes,

Ont résolu de conclure à cet effet une convention concernant le travail de nuit des femmes employées dans l'industrie, et ont nommé pour leurs Plénipotentiaires, savoir :

### Sa majesté l'EMPEREUR d'ALLEMAGNE, ROI de PRUSSE :

Son Excellence M. Alfred de BÜLOW, Son Chambellan et Conseiller intime actuel, Envoyé extraordinaire et Ministre plénipotentiaire à Berne,

M. CASPAR, Directeur à l'Office de l'Intérieur de l'Empire,

M. FRICK, Conseiller intime supérieur de gouvernement et Conseiller rapporteur au Ministère prussien du Commerce et de l'Industrie,

M. ECKARDT, Conseiller de légation actuel et Conseiller rapporteur à l'Office des Affaires étrangères de l'Empire ;

### Sa Majesté l'EMPEREUR d'AUTRICHE, ROI de BOHÊME, etc., et ROI APOSTOLIQUE de HONGRIE :

POUR L'AUTRICHE ET POUR LA HONGRIE :

Son Excellence M. le Baron HEIDLER de EGEREGG et SYRGENSTEIN, Son Conseiller intime actuel, Envoyé extraordinaire et Ministre plénipotentiaire à Berne,

POUR L'AUTRICHE:

M. le Dr Franz MÜLLER, Conseiller ministériel au Ministère I. R. du Commerce,

POUR LA HONGRIE:

M. Nicolas GERSTER, Inspecteur supérieur d'industrie Royal hongrois;

Sa Majesté le ROI des BELGES:

Son Excellence M. Maurice MICHOTTE de WELLE, Envoyé extraordinaire et Ministre plénipotentiaire à Berne,

M. Jean DUBOIS, Directeur général de l'Office du Travail au Ministère de l'Industrie et du Travail;

Sa Majesté le ROI de DANEMARK:

M. Henrik VEDEL, Chef de bureau au Ministère de l'Intérieur;

Sa Majesté le ROI d'ESPAGNE:

M. Bernardo ALMÉIDA Y HERREROS, Chargé d'Affaires à Berne;

Le PRÉSIDENT de la RÉPUBLIQUE FRANÇAISE:

Son Excellence M. Paul RÉVOIL, Ambassadeur à Berne

M. Arthur FONTAINE, Directeur du Travail au Ministère du Commerce, de l'Industrie et du Travail;

Sa Majesté le ROI du Royaume-Uni de GRANDE-BRETAGNE et d'IRLANDE et des POSSESSIONS BRITANNIQUES au delà des mers, EMPEREUR des INDES:

M. Herbert SAMUEL, Membre du Parlement, Sous-Secrétaire d'Etat parlementaire au Ministère de l'Intérieur,

M. Malcolm DELEVINGNE, du Ministère de l'Intérieur;

Sa Majesté le ROI d'ITALIE:

Son Excellence M. le Comte Roberto MAGLIANO DI VILLAR SAN MARCO, Envoyé extraordinaire et Ministre plénipotentiaire à Berne,

M. le Prof. Giovanni MONTEMARTINI, Directeur de l'Office du Travail près le Ministère Royal de l'Agriculture et du Commerce;

Son Altesse Royale le GRAND-DUC de LUXEMBOURG, DUC de NASSAU:

M. Henri NEUMAN, Conseiller d'Etat;

Sa Majesté la REINE des PAYS-BAS:

M. le Comte de RECHTEREN LIMPURG ALMELO, Son Chambellan, Ministre-Résident à Berne,

M. le Dr L. H. W. REGOUT, Membre de la Première Chambre des Etats-Généraux;

### SA MAJESTÉ LE ROI DE PORTUGAL ET DES ALGARVES, ETC. :

Son Excellence M. ALBERTO D'OLIVEIRA, Envoyé extraordinaire et Ministre plénipotentiaire à Berne;

### SA MAJESTÉ LE ROI DE SUÈDE :

M. ALFRED DE LAGERHEIM, ancien Ministre des Affaires étrangères, Directeur général et Chef du Collège Royal du Commerce;

### LE CONSEIL FÉDÉRAL SUISSE :

M. EMILE FREY, ancien Conseiller fédéral,

M. le Dr FRANZ KAUFMANN, Chef de la Division de l'Industrie au Département fédéral du Commerce, de l'Industrie et de l'Agriculture,

M. ADRIEN LACHENAL, ancien Conseiller fédéral, Député au Conseil des Etats,

M. JOSEPH SCHOBINGER, Conseiller national,

M. HENRI SCHERRER, Conseiller national,

M. JOHN SYZ, Président de l'Association suisse des filateurs, tisserands et retordeurs,

Lesquels, après s'être communiqué leurs pleins pouvoirs, trouvés en bonne et due forme, ont successivement discuté et adopté les dispositions suivantes :

### Article premier.

Le travail industriel de nuit sera interdit à toutes les femmes, sans distinction d'âge, sous réserve des exceptions prévues ci-après.

La présente Convention s'applique à toutes les entreprises industrielles où sont employés plus de dix ouvriers et ouvrières; elle ne s'applique en aucun cas aux entreprises où ne sont employés que les membres de la famille.

A chacun des Etats contractants incombe le soin de définir ce qu'il faut entendre par entreprises industrielles. Parmi celles-ci seront en tout cas comprises les mines et carrières, ainsi que les industries de fabrication et de transformation des matières; la législation nationale précisera sur ce dernier point la limite entre l'industrie, d'une part, l'agriculture et le commerce, d'autre part.

### Article 2.

Le repos de nuit visé à l'article précédent aura une durée minimum de onze heures consécutives; dans ces onze heures, quelle que soit la législation de chaque Etat, devra être compris l'intervalle de dix heures du soir à cinq heures du matin.

Toutefois, dans les Etats où le travail de nuit des femmes adultes employées dans l'industrie n'est pas encore réglementé, la durée du repos ininterrompu pourra, à titre transitoire et pour une période de trois ans au plus, être limitée à dix heures.

### ARTICLE 3.

L'interdiction du travail de nuit pourra être levée:

1° en cas de force majeure, lorsque dans une entreprise se produit une interruption d'exploitation impossible à prévoir et n'ayant pas un caractère périodique;

2° dans le cas où le travail s'applique soit à des matières premières, soit à des matières en élaboration, qui seraient susceptibles d'altération très rapide, lorsque cela est nécessaire pour sauver ces matières d'une perte inévitable.

### ARTICLE 4.

Dans les industries soumises à l'influence des saisons, et en cas de circonstances exceptionnelles pour toute entreprise, la durée du repos ininterrompu de nuit pourra être réduite à dix heures, soixante jours par an.

### ARTICLE 5.

A chacun des Etats contractants incombe le soin de prendre les mesures administratives qui seraient nécessaires pour assurer sur son territoire la stricte exécution des dispositions de la présente Convention.

Les Gouvernements se communiqueront par la voie diplomatique les lois et règlements sur la matière de la présente Convention qui sont ou seront en vigueur dans leurs pays, ainsi que les rapports périodiques concernant l'application de ces lois et règlements.

### Article 6.

Les dispositions de la présente Convention ne seront applicables à une colonie, possession ou protectorat que dans le cas où une notification à cet effet serait donnée en son nom au Conseil fédéral suisse par le Gouvernement métropolitain.

Celui-ci, en notifiant l'adhésion d'une colonie, possession ou protectorat, pourra déclarer que la Convention ne s'appliquera pas à telles catégories de travaux indigènes dont la surveillance serait impossible.

### Article 7.

Dans les Etats hors d'Europe, ainsi que dans les colonies, possessions ou protectorats, lorsque le climat ou la condition des populations indigènes l'exigeront, la durée du repos ininterrompu de nuit pourra être inférieure aux minima fixés par la présente Convention, à la condition que des repos compensateurs soient accordés pendant le jour.

### Article 8.

La présente Convention sera ratifiée et les ratifications en seront déposées le 31 décembre 1908 au plus tard auprès du Conseil fédéral suisse.

Il sera dressé de ce dépôt un procès-verbal, dont une copie, certifiée conforme, sera remise par la voie diplomatique à chacun des Etats contractants.

La présente Convention entrera en vigueur deux ans après la clôture du procès-verbal de dépôt.

Le délai de mise en vigueur est porté de deux à dix ans :

1° pour les fabriques de sucre brut de betterave ;

2° pour le peignage et la filature de la laine ;

3° pour les travaux au jour des exploitations minières, lorsque ces travaux sont arrêtés annuellement, quatre mois au moins, par des influences climatériques.

### Article 9.

Les Etats non signataires de la présente Convention sont admis à déclarer leur adhésion par un acte adressé au Conseil fédéral suisse, qui le fera connaître à chacun des autres Etats contractants.

### Article 10.

Les délais prévus par l'article 8 pour la mise en vigueur de la présente Convention partiront, pour les Etats non signataires, ainsi que pour les colonies, possessions ou protectorats, de la date de leur adhésion.

### Article 11.

La présente Convention ne pourra pas être dénoncée soit par les Etats signataires, soit par les Etats, colonies, possessions ou protectorats qui adhéreraient ultérieurement, avant l'expiration d'un délai de douze ans à partir de la clôture du procès-verbal de dépôt des ratifications.

Elle pourra ensuite être dénoncée d'année en année.

La dénonciation n'aura d'effet qu'un an après qu'elle aura été adressée par écrit au Conseil fédéral suisse par le Gouvernement intéressé, ou, s'il s'agit d'une colonie, possession ou protectorat, par le Gouvernement métropolitain; le Conseil fédéral la communiquera immédiatement au Gouvernement de chacun des autres Etats contractants.

La dénonciation n'aura d'effet qu'à l'égard de l'Etat, colonie, possession ou protectorat au nom de qui elle aura été adressée.

EN FOI DE QUOI, les Plénipotentiaires ont signé la présente Convention.

Fait à Berne, le vingt-six septembre mil neuf cent six, en un seul exemplaire, qui demeurera déposé aux archives de la Confédération suisse et dont une copie, certifiée conforme, sera remise par la voie diplomatique à chacun des Etats contractants.

Pour l'ALLEMAGNE:

*(L. S.)* v. BÜLOW.
*(L. S.)* CASPAR.
*(L. S.)* FRICK.
*(L. S.)* ECKARDT.

Pour l'AUTRICHE et pour la HONGRIE:

*(L. S.)* Baron HEIDLER-EGEREGG
Ministre d'Autriche-Hongrie à Berne.

Pour l'AUTRICHE:

(*L. S.*) MÜLLER.

Pour la HONGRIE:

(*L. S.*) Nicolas GERSTER.

Pour la BELGIQUE:

(*L. S.*) M. MICHOTTE de WELLE.
(*L. S.*) J. DUBOIS.

Pour le DANEMARK:

(*L. S.*) H. VEDEL.

Sous réserve de la déclaration, faite en séance plénière de la Conférence le 26 septembre 1906 quant à l'article 8.

Pour l'ESPAGNE:

(*L. S.*) Bernardo ALMÉIDA Y HERREROS.

Pour la FRANCE:

(*L. S.*) RÉVOIL.
Arthur FONTAINE.

Pour la GRANDE-BRETAGNE:

(*L. S.*) Herbert SAMUEL.
(*L. S.*) Malcolm DELEVINGNE.

Pour l'ITALIE :

(*L. S.*) R. MAGLIANO.
(*L. S.*) G. MONTEMARTINI.

Pour le LUXEMBOURG :

H. NEUMAN.

Pour les PAYS-BAS :

(*L. S.*) RECHTEREN.
L. H. W. REGOUT.

Pour le PORTUGAL :

(*L. S.*) Alberto d'OLIVEIRA.

Pour la SUÈDE :

(*L. S.*) Alfr. LAGERHEIM.

Pour la SUISSE :

(*L. S.*) Emile FREY.
F. KAUFMANN.
A. LACHENAL.
SCHOBINGER.
H. SCHERRER.
John SYZ.

# CONVENTION

## INTERNATIONALE

SUR

## L'INTERDICTION DE L'EMPLOI DU PHOSPHORE BLANC (JAUNE) DANS L'INDUSTRIE DES ALLUMETTES.

Sa Majesté l'EMPEREUR d'ALLEMAGNE, ROI de PRUSSE; Sa Majesté le ROI de DANEMARK; le PRÉSIDENT de la RÉPUBLIQUE FRANÇAISE; Sa Majesté le ROI d'ITALIE; Son Altesse Royale le GRAND-DUC de LUXEMBOURG, DUC de NASSAU; Sa Majesté la REINE des PAYS-BAS; le CONSEIL FÉDÉRAL SUISSE,

Désirant faciliter le développement de la protection ouvrière par l'adoption de dispositions communes,

Ont résolu de conclure à cet effet une convention concernant l'emploi du phosphore blanc (jaune) dans l'industrie des allumettes, et ont nommé pour leur Plénipotentiaires, savoir:

22

Sa Majesté l'EMPEREUR d'ALLEMAGNE, ROI de PRUSSE:

Son Excellence M. Alfred de BÜLOW, Son Chambellan et Conseiller intime actuel, Envoyé extraordinaire et Ministre plénipotentiaire à Berne,

M. CASPAR, Directeur à l'Office de l'Intérieur de l'Empire,

M. FRICK, Conseiller intime supérieur de gouvernement et Conseiller rapporteur au Ministère prussien du Commerce et de l'Industrie,

M. ECKARDT, Conseiller de Légation actuel et Conseiller rapporteur à l'Office des Affaires étrangères de l'Empire;

Sa Majesté le ROI de DANEMARK:

M. Henrik VEDEL, Chef de bureau au Ministère de l'Intérieur;

Le PRÉSIDENT de la RÉPUBLIQUE FRANÇAISE:

Son Excellence M. Paul RÉVOIL, Ambassadeur à Berne,

M. Arthur FONTAINE, Directeur du Travail au Ministère du Commerce, de l'Industrie et du Travail;

Sa Majesté le ROI d'ITALIE :

Son Excellence M. le Comte Roberto MAGLIANO DI VILLAR SAN MARCO, Envoyé extraordinaire et Ministre plénipotentiaire à Berne,

M. le Prof. Giovanni MONTEMARTINI, Directeur de l'Office du Travail près le Ministère Royal de l'Agriculture et du Commerce ;

Son Altesse Royale le GRAND-DUC de LUXEMBOURG, DUC de NASSAU :

M. Henri NEUMAN, Conseiller d'Etat ;

Sa Majesté la REINE des PAYS-BAS :

M. le Comte de RECHTEREN LIMPURG ALMELO, Son Chambellan, Ministre-Résident à Berne,

M. le Dr L. H. W. REGOUT, Membre de la Première Chambre des Etats-Généraux ;

Le CONSEIL FÉDÉRAL SUISSE :

M. Emile FREY, ancien Conseiller fédéral,

M. le Dr Franz KAUFMANN, Chef de la Division de l'Industrie au Département fédéral du Commerce, de l'Industrie et de l'Agriculture,

M. Adrien LACHENAL, ancien Conseiller fédéral, Député au Conseil des Etats,

M. Joseph SCHOBINGER, Conseiller national,

M. Henri SCHERRER, Conseiller national,

M. John SYZ, Président de l'Association suisse des filateurs, tisserands et retordeurs,

Lesquels, après s'être communiqué leurs pleins pouvoirs, trouvés en bonne et due forme, sont convenus des dispositions suivantes :

Article premier.

Les Hautes Parties contractantes s'engagent à interdire sur leur territoire la fabrication, l'introduction et la mise en vente des allumettes contenant du phosphore blanc (jaune).

Article 2.

A chacun des Etats contractants incombe le soin de prendre les mesures administratives qui seraient nécessaires pour assurer sur son territoire la stricte exécution des dispositions de la présente Convention.

Les Gouvernements se communiqueront par la voie diplomatique les lois et règlements sur la matière de la présente Convention qui sont ou seront en vigueur dans leurs pays, ainsi que les rapports concernant l'application de ces lois et règlements.

Article 3.

Les dispositions de la présente Convention ne seront applicables à une colonie, possession ou protectorat que dans le cas où une notification à cet effet serait donnée en son nom au Conseil fédéral suisse par le Gouvernement métropolitain.

### Article 4.

La présente Convention sera ratifiée et les ratifications en seront déposées le 31 décembre 1908 au plus tard auprès du Conseil fédéral suisse.

Il sera dressé de ce dépôt un procès-verbal, dont une copie, certifiée conforme, sera remise par la voie diplomatique à chacun des Etats contractants.

La présente Convention entrera en vigueur trois ans après la clôture du procès-verbal de dépôt.

### Article 5.

Les Etats non signataires de la présente Convention sont admis à déclarer leur adhésion par un acte adressé au Conseil fédéral suisse, qui le fera connaître à chacun des autres Etats contractants.

Le délai prévu par l'article 4 pour la mise en vigueur de la présente Convention est porté à cinq ans pour les Etats non signataires, ainsi que pour les colonies, possessions ou protectorats, à compter de la notification de leur adhésion.

### Article 6.

La présente Convention ne pourra pas être dénoncée soit par les Etats signataires, soit par les Etats, colonies, possessions ou protectorats qui adhéreraient ultérieurement, avant l'expiration d'un délai de cinq ans à partir de la clôture du procès-verbal de dépôt des ratifications.

Elle pourra ensuite être dénoncée d'année en année.

La dénonciation n'aura d'effet qu'un an après qu'elle aura été adressée par écrit au Conseil fédéral suisse par le Gouvernement intéressé, ou, s'il s'agit d'une colonie, possession ou protectorat, par le Gouvernement métropolitain; le Conseil fédéral la communiquera immédiatement au Gouvernement de chacun des autres Etats contractants.

La dénonciation n'aura d'effet qu'à l'égard de l'Etat, colonie, possession ou protectorat au nom de qui elle aura été adressée.

EN FOI DE QUOI, les Plénipotentiaires ont signé la présente Convention.

Fait à BERNE, le vingt-six septembre mil neuf cent six, en un seul exemplaire, qui demeurera déposé aux archives de la Confédération suisse et dont une copie, certifiée conforme, sera remise par la voie diplomatique à chacun des Etats contractants.

POUR L'ALLEMAGNE:

*(L. S.)* v. BÜLOW.
*(L. S.)* CASPAR.
*(L. S.)* FRICK.
*(L. S.)* ECKARDT.

POUR LE DANEMARK:

*(L. S.)* H. VEDEL.

Pour la FRANCE:

(L. S.) RÉVOIL.
Arthur FONTAINE.

Pour l'ITALIE:

(L. S.) R. MAGLIANO.
(L. S.) G. MONTEMARTINI.

Pour le LUXEMBOURG:

(L. S.) H. NEUMAN.

Pour les PAYS-BAS:

(L. S.) RECHTEREN.
L. H. W. REGOUT.

Pour la SUISSE:

(L. S.) Emile FREY.
F. KAUFMANN.
A. LACHENAL.
SCHOBINGER.
H. SCHERRER.
John SYZ.

www.ingramcontent.com/pod-product-compliance
Ingram Content Group UK Ltd.
Pitfield, Milton Keynes, MK11 3LW, UK
UKHW020558180726
13838UKWH00001B/321

9 782329 067278